Emil E. Kobi / Heidi Roth

Kinder von Aggressiv bis Zerstreut

HERDER / SPEKTRUM
Band 4182

Das Buch

Nur wer begreift, was in einem Kind wirklich vorgeht, kann ihm richtig begegnen. Erziehung nach Gefühl ist problematisch. Und niemand hat, auch wenn er noch so viel zu wissen meint, die Entwicklung seiner Kinder völlig „im Griff". Besseres Wissen und größere Erfahrung können freilich Fehlentwicklungen verhüten helfen. Gerade wohlmeinende und aufmerksame Eltern lassen sich oft dazu verleiten, Probleme zu suchen, wo gar keine sind. Ganz gezielte Information bei ganz konkreten Problemen zu geben, gewisse Erscheinungen in der Entwicklung von Kindern verständlicher zu machen – das ist das Anliegen der beiden erfahrenen Fachleute und Berater in Erziehungsfragen, die diesen praktischen und anschaulichen Band geschrieben haben. Sie zeigen, wie Eltern vorübergehende Symptome von ernsthaften Störungen unterscheiden und dementsprechend reagieren können. So vermeiden sie, daß aus einer Kinderzimmer-Mücke ein Elefant wird. Hilfen für den Alltag, von A bis Z.

Die Autoren

Emil E. Kobi, Dr. phil., nach mehrjähriger Tätigkeit als Lehrer in der Grundstufe Studium der Pädagogik und Heilpädagogik, war klinischer Psychologe und Schulpsychologe. Er ist seit 1972 Dozent für Heilpädagogik an der Universität Basel.
Heidi Roth, Journalistin, redigiert seit langen Jahren die Pro Juventute Elternbriefe.

Emil E. Kobi / Heidi Roth

Kinder von Aggressiv bis Zerstreut

Ein Ratgeber für den Erziehungsalltag

Herder
Freiburg · Basel · Wien

Gedruckt auf umweltfreundlichem,
chlorfrei gebleichtem Papier

6. Auflage

Alle Rechte vorbehalten – Printed in Germany
Verlag Herder Freiburg im Breisgau 1993
© Verlag Pro Juventure, Zürich 1992. Nach der 1991 im Orell Füssli
Verlag erschienenen 9. und erweiterten Auflage.
Fotos: Ursula Markus
Herstellung: Freiburger Graphische Betriebe 1997
Umschlaggestaltung: Joseph Pölzelbauer
Umschlagfoto: Fournier/Rapho. © Focus, Hamburg 1992
ISBN 3-451-04182-0

Inhaltsverzeichnis

Aggressivität 9
Ängstlichkeit 14
Appetit- und Eßstörungen 18
Asthma 22
Bettnässen 24
Drogenmißbrauch 27
Epilepsie 32
Faulheit 35
Geistige Behinderung 41
Heilpädagogik 46
Konzentrationsmangel 49
Körperbehinderung 54
Kranke Kinder/Aids-Kinder 57
Lernbehinderung 62
Lügen 64
Retardation und Akzeleration 69
Schlafstörungen 72
Schlechte Gewohnheiten 78
Schulreife 80
Schulversäumen, Weglaufen 84
Selbstmordversuche und Selbsttötung 90
Sexuelle Fehlformen 92
Sinnesschädigungen 97
Sprach- und Sprechstörungen 100
Verhaltensstörungen 103
Verstimmung 107
Vertrotztheit 111
Zappligkeit 116
Zerstreutheit oder Verträumtheit 118

Erziehung zur Lebensfreude oder: Amusie – was ist das? ... 120
Der freie Fall ins Leben 127
Wer hilft den Eltern? 131
So helfen Sie sich selbst! 140

Was man gern vergißt:

Ausgerechnet wohlmeinende und sehr bemühte Eltern lassen sich dazu verleiten, in übertriebenem Psychologisieren Probleme zu suchen, wo keine sind, und auf Kleinigkeiten so lange herumzuhacken, bis aus Kinderzimmer-Mücken schwerwiegende Elefanten geworden sind. Kleine Appetitlosigkeiten werden zu Essensverweigerungen, der vorübergehende Schulverleider wächst sich zu einem Schulkonflikt aus.

Deutlicher: wenn man das naiv-selbstverständliche Verhältnis zwischen den Menschen einer Familie der steten mißtrauischen Betrachtung unterzieht, so geht die Selbstverständlichkeit verloren, und es erwachsen genau die Probleme daraus, vor denen man sich gefürchtet hat.

Wenn nun auf den folgenden Seiten von mancherlei Schwierigkeiten und Abweichungen von der Norm die Rede ist, so sehen wir unsere Aufgabe vor allem im Verständlichmachen gewisser Erscheinungen. Die angebotene Hilfe besteht nicht in Garantierezepten. Sie besteht im besseren Verstehen-Lehren. Wer begreift, was im Kind vorgeht, hat die nötige Ruhe und weiß, wo „sehendes Nicht-Beachten" Gras über eine Sache wachsen lassen darf und wo Hilfe von außen nötig wird.

Eins steht fest: Erziehung ist nie eine sichere Sache. Wir haben sie nie ganz im Griff. Das Ich des Kindes mit all seinen freien Entscheidungsmöglichkeiten sprengt den Rahmen unserer Wünsche und Zielsetzungen. Eltern können nie die volle Verantwortung tragen, denn Erziehung ist nie „total machbar", nie „total manipulierbar". Ein Rest Schicksal bleibt, an dem es nichts umzuorgeln gibt.

Was man auch öfter einmal überlegen sollte: Wohl machen uns die Kinder manchmal das Leben sauer. Aber wir ihnen auch! Nicht nur Kinder sind manchmal schwierig.

Emil E. Kobi
Heidi Roth

Aggressivität

Im alltäglichen Sprachgebrauch verbinden wir mit „Aggressivität" die Vorstellung von Feindseligkeit, Brutalität, Gewalt. Das ist nur zum Teil richtig. Der sogenannte Aggress beinhaltet ja auch die positiven und lebensnotwendigen Formen des Zugriffs, des In-Angriff-Nehmens, des zielgerichteten Sich-Ausweitens. Auch offensichtlich destruktive Handlungen, ein Hausabbruch zum Beispiel, eine Operation, können notwendig, legitim und sinnvoll sein.

Man kann nicht von Aggressivität reden, ohne auch das Problem der Gehemmtheit anzuschneiden. Auch das Gehemmtsein ist nicht im vornherein eine negative Erscheinung, sondern als Fähigkeit zur Zurückhaltung, zur „Bremsung" aggressiver Entäußerung für die positive Daseinsgestaltung notwendig – so wertneutral wie der Aggress als Chance, aktiv zu handeln.

Über die Hintergründe der Aggressivität wurden verschiedene Theorien aufgestellt. Man spricht von angeborenem Zerstörungstrieb, aber auch davon, daß Aggression eine Folge von Versagungen (Frustrationen) sei. Ob Aggressivität angeboren oder erlernt, erworben sei durch Versagungserlebnisse, ist nicht zu entscheiden. Es gibt Beispiele für beides. In Einzelfällen können Antrieb und Hemmung unabhängig von sozialen Einflüssen durch Gehirnschädigungen gestört werden.

Wichtig ist, sich darüber klarzuwerden, daß die menschliche Offensivität, das heißt die menschliche Angriffskraft, nicht wie beim Tier in ein Instinktverhalten eingeordnet ist, sondern der erzieherischen Formung und Gestaltung bedarf, soll sie nicht in sozial störende Aggressivität ausarten. Deutlicher: Aggressivität ist eigentlich eine rein menschliche Ausdrucksmöglichkeit. Nur der Mensch überspringt Tötungshemmungen gegenüber seiner eigenen Art und Gattung. Noch deutlicher: Nie ist ein Verhalten menschlicher, als wenn wir es fälschlich als „tierisch" bezeichnen.

Verschiedene Formen kindlicher Aggressivität

Kindliche Aggressivität kann sich in verschiedenen teils offenen, teils versteckten und verfremdeten Formen zeigen.

Trotz in aktiver und passiver Form gehört zu den bekanntesten Formen der Aggressivität (s. Abschnitt unter Vertrotztheit). Ins gleiche Kapitel gehören aber auch Vandalenakte (Zerstörung von Mobiliar in Gasthäusern, Ferienhaus-Einbrüche, Bandendelikte), Brandstiftung (aus Rachebedürfnis, Jähzorn und Lust an anonymer Machtentfaltung), Geschwindigkeitsexzesse auf Mopeds, Motorrädern und am Steuer, Tierquälereien, Fluchen, Schimpfen und andere „Verbalaggressionen", Beißen (vor allem bei Kleinkindern), Verspotten und Verhöhnen von Prügelknaben, Stehlen, Aggression gegen sich selber (z. B. Nägelbeißen, Haareausreißen, Provozieren von Strafen usw.).

Es wird häufig die Frage gestellt, ob Aggressivität in den Medien eine Vorbildwirkung habe. Andersherum: Hat die Aggressivität, wie sie hauptsächlich im Fernsehen und in Videos gezeigt wird – Krimis, Brutalos etc. – eine Wirkung auf das aggressive Verhalten von Kindern?

Untersuchungen haben gezeigt, daß keine direkten oder zwingenden Verbindungen nachzuweisen sind. Die Vorbildwirkung ist vom jeweiligen Umfeld und von der bisherigen Entwicklung abhängig.

Das heißt aber nicht, daß man auf politischer Ebene diesen Entwicklungen gegenüber gleichgültig sein dürfte. An verschiedenen Orten versucht man durch Verbote die Verbreitung solcher aggressiver Darstellungen einzudämmen. Obwohl fixe Kausalbeziehungen nicht nachweisbar sind, können solche Darstellungen für labile Jugendliche in verunsichernden Situationen Auslöseeffekt haben. Von den Massenmedien wäre zu erwarten, daß sie auch Modellfälle nicht-aggressiver Konfliktlösung in ihr Programm aufnehmen.

Zwischen heiler und unheiler Welt gibt es die realistische Welt. Es ist auch wichtig, anzuerkennen, daß es sehr viel soziale Kreativität und Phantasie braucht, um Konflikte auf nicht-destruktive Art zu lösen – oder sie wenigstens in Grenzen zu halten.

Aggression kann also viele Gesichter haben. Für den Umgang mit Menschen und Jugendlichen lassen sich ein paar Richtlinien aufstellen.

● **Dem kindlichen Tatendrang soll nicht nur ein angemessener Spielraum belassen werden, er muß auch auf echte Probleme und reizvolle Gestaltungsmöglichkeiten gelenkt werden.** Für eine schöpferische Freizeitgestaltung, für Abenteuer und direkte Erfahrung bietet unsere perfektionierte, Kindern weitgehend undurchsichtig gewordene (und ihnen mitunter feindlich gesinnte) Umwelt wenig Entfaltungsmöglichkeiten. Um so wichtiger ist, daß bestehende Möglichkeiten voll ausgenutzt werden (z. B. Jugendgruppen, Robinson-Spielplätze, Sport, Theatervereine).

● **Soziales Verhalten ist nicht angeboren, das Kind muß es lernen und üben.** Gerade in der Schule, vor allem im Gruppenunterricht, kann es seine Initiative in den Dienst der Klassengemeinschaft stellen. Diese Gesellschaft kann auch unangenehme Aggressivität oder Gehemmtheit korrigieren. Nur in der Gruppe und durch die Gruppe kann das Kind Rücksicht üben und zugleich kämpfen lernen – so, daß es seine Gegner respektiert und bejaht. Man soll ihm also das Streiten nicht verbieten, sondern es das faire Streiten lehren, den fairen Zweikampf beim Messen der Körperkräfte. Zum Streitenlernen gehört auch die Pflege der Diskussion, der Dialog, das Sich-Einordnen, aber sich eben auch einmal Nicht-Einordnen, die Selbständigkeit in der Gruppe. Das lernt das Kind nicht nur in der Schule, sondern auch am Familientisch, in Ferienkolonien, in Arbeitswochen, in Hobby-Kursen, in Wochenendlagern usw.

● **Hinter der landläufigen These, Kinder müßten sich austoben können, steckt der Gedanke, Aggressivität verringere sich durch körperliche Entladungen.** Gewiß kann man dem Austoben, einem Wutausbruch oder einer kräftigen Aussprache eine gewisse reinigende Wirkung nicht absprechen. Verkrampfungen und Verspannungen können sich lösen. Aber wir sollten dafür sorgen, daß solche Offensivität, solche Angriffslust gewandelt wird. Dem Austoben muß das gestaltete und gestaltende Spiel folgen – zum Beispiel auch in Form sportlicher Betätigung; der „gestaltete Ausbruch" ist die sachlich geführte Diskussion; und wer von Befreiung redet, muß die Freiheit handhaben, mit ihr umgehen können.

Der Erziehung zur Liebesfähigkeit wird heute besonders im Rahmen der Geschlechtserziehung, aus der Erkenntnis heraus, daß die triebhaften sexuellen Bedürfnisse allein keine tragende Partnerschaft garantieren. Auch der zärtliche Umgang mit dem Partner muß erlernt werden. Daher soll vor allem das Zärtlichkeitsbedürfnis des Kleinkindes eine angemessene Befriedigung im Intimraum der Familie finden. Es ist eine Binsenwahrheit, aber man muß immer wieder darauf hinweisen: Nur ein Kind, das Liebe erfährt, kann selber Liebe verschenken. Der Erzieher muß sich also davor hüten, Selbstliebe und Selbstachtung einfach als Egoismus abzutun, abzulehnen. „Liebe deinen Nächsten wie dich selbst" bringt die Abhängigkeit der Nächstenliebe sehr schön zum Ausdruck.

Die Schonung des Selbstwertgefühls und des „Eigensinns", das heißt der eigenen Sinnenhaftigkeit des Kindes, ist ein Grundanliegen der modernen Pädagogik.

Freilich gilt es, realistisch zu bleiben und nicht paradiesische Verhältnisse vorauszusetzen. Frustrationen zu vermeiden (Frustration = Kränkung, Zurücksetzung) ist die eine Aufgabe der Erziehung, eine gewisse Frustrationstoleranz zu erreichen, das heißt, das Kind stark genug zu machen, Frustrationen zu ertragen, die andere Seite.

Wichtig und von höchster Bedeutung ist der demokratische Führungsstil, nicht nur in der Schule, sondern auch zu Hause. Das bedeutet zum Beispiel: wir stellen das Kind nicht einfach vor vollendete Tatsachen, sondern lassen es im Rahmen seiner Möglichkeiten mithelfen und mitgestalten an der optimalen Lebensmeisterung. Klare Vorstellungen geben der kindlichen Initiative Richtung und Struktur. Im Rahmen dieser vom Ziel her bestimmten Lebensführung können auch Gebote, Übereinkünfte und Maßregeln für das Kind sinnerfüllend sein und brauchen nicht als (aggressionsauslösende) Frustrationen und Schikanen autoritärer Erzieher empfunden werden.

Dem Erzieher eines aggressiven Kindes fällt einerseits die schwierige Aufgabe zu, sich von den Ausfälligkeiten des Kindes nicht zu ebenso massiven Gegenreaktionen provozieren zu lassen – aber andererseits auch nicht der Gleichgültigkeit zu verfallen.

Echte, liebevoll-bestimmte Teilnahme zu wahren ist nur möglich aus der Erkenntnis heraus, daß ja alle Beleidigungen, die einem widerfahren, letztlich einem Leiden des Kindes entspringen. Dieses Leiden zu erkennen ist Aufgabe eines Therapeuten.

Sagen wir's noch einmal: zur Aggressivität gehört immer das Sinnlose, das Zerstörerische im Leerlauf. Wenn zwei Kinder einen Wecker kaputtmachen, so ist's beim einen vielleicht wirklich Aggressivität, beim andern aber Neugier, Forscherdrang. Es gilt auch für dieses Kapitel: wenn zwei dasselbe tun, ist's nicht immer dasselbe.

Ängstlichkeit

Mit Ängstlichkeit bezeichnen wir eine Grundhaltung, aus der heraus ein Kind zu ungewöhnlich starken Angst- und Furchtgefühlen neigt, die oft nur langsam abklingen. Ängste können sich zu einem zentralen Störfaktor ausweiten, und weitere Probleme mit sich bringen, zum Beispiel:
- **Leistungsstörungen** (Inaktivität, Konzentrationsstörungen),
- **Verhaltensstörungen** (Kontaktscheu, Aggressivität, Lügenhaftigkeit),
- **Zwänge** (Pedanterie),
- **Funktionsstörungen** (Stottern, Schlafstörungen, Appetitlosigkeit).

Während „gezielte" Furcht als eine Art Warnsignal biologisch durchaus sinnvoll erscheint, wirken gegenstandslose Ängste, sogenannte Phobien, beeinträchtigend, hemmend und sogar lebensfeindlich.

Was löst Ängste aus?

1. Fremdheit vor Situationen, Aufgaben und Personen, von denen sich ein Kind schicksalshaft abhängig fühlt;

2. Isolation oder drohender Kontaktverlust;
3. Überforderung und die damit verbundenen Gefühle der
4. Unzulänglichkeit und Minderwertigkeit;
5. Einengung und massive Beschneidung der Bestrebungen um Selbstentfaltung, Selbstverwirklichung, Eigeninitiative;
6. Mangel an praktischen Handanweisungen, an verläßlichen Maßstäben, an Orientierungshilfen, wie man sich in bestimmten Situationen verhält und mit ängstigenden Problemen fertig wird.

Was bedeutet das für den erzieherischen Alltag?

Ängste können nur abgebaut werden, wenn zwischen Eltern und Kind ein gegenseitiges Vertrauensverhältnis besteht und sie beide innerhalb einer heiter-zuversichtlichen menschlichen Umgebung leben.

Angst läßt sich nur bedingt durch Vernunft und Einsicht bekämpfen. Sie tritt ja bekanntlich auch „wider besseres Wissen" auf – man kann also wissen, daß kein Anlaß zu Angst besteht, und hat doch Angst. Kinder können schrittweise und aktiv an als bedrohlich verkannte Situationen gewöhnt werden: Angst vor dem Allein-Straßenbahnfahren läßt sich nicht ausreden, aber abbauen, indem zum Beispiel der Vater zunächst mitfährt, dann ein zweites Mal im Anhänger sitzt, dann das Kind nur zur Straßenbahn begleitet, während die Mutter es zwei Stationen später abholt. Durch die tätige Auseinandersetzung mit dem Angstobjekt und unter der Führung einer Vertrauensperson kann eine Angst so abgebaut werden.

● **Ängstlichkeit darf nicht verspottet werden.** Nie will das Kind ernster genommen werden, als wenn es sich fürchtet. Man darf dem Kind ruhig sagen, daß auch ein erwachsener Mensch manchmal Angst hat (z.B. vor einer Aussprache mit dem Chef), und wenn das Kind weiß, daß sogar der Zahnarzt Angst davor hat, zum Zahnarzt zu gehen, so fühlt es sich mit seiner Angst wenigstens nicht so allein.

● **Überrumpelung führt zu Panik und Vertrauensbruch.** Wer das wasserscheue Kind ins Wasser wirft, macht es nicht angstfrei, son-

dern noch ängstlicher. Gewiß sind manchmal Anstöße zur Überwindung einer Angst nötig. Aber solche Anstöße verlangen eine genaue Kenntnis des Kindes und seiner Reaktionen und sind nie durch Vertrauensbruch zu rechtfertigen.
● **Älteren Kindern hilft man durch planendes Vorausbesprechen** ängstigender Situationen. Die Umstände eines Spitalaufenthaltes sind als große Unbekannte mit ängstigenden Vorstellungen verbunden. Sieht das Kind die Situation klarer, ist die Angst weniger groß. Wir müssen uns aber davor hüten, bevorstehende unangenehme Erlebnisse zu verniedlichen. Das schmälert den Vertrauenskredit und schadet der elterlichen Glaubwürdigkeit.
● **Vermeiden Sie chronische Überforderung!** Zuwarten, Durchschleusen, Probieren, zum Beispiel wenn das Kind sich in einer schulischen Streß-Situation befindet, schaden sehr. Was wir oft als „Minderwertigkeitsgefühl" betrachten, ist vom Kind her gesehen die richtige Erkenntnis, den in einem bestimmten Fall gestellten Anforderungen nicht zu genügen.

Spezielle Mutübungen, zum Beispiel im Turnunterricht, werden heute überbewertet. Einen Sinn haben sie höchstens, indem körperliche Leistungsfähigkeit unter Knaben in großem Ansehen stehen kann, und ein Erfolg auf diesem Gebiet das allgemeine Selbstvertrauen stärkt. Unsere Mut-Leistungen sind nicht mehr so körperlich wie zu Höhlenbewohners Zeiten. Der heutige zivilisierte Mensch braucht nicht mehr den Mut, das Mammut zu jagen und sich Naturgewalten zu stellen – dafür muß er seine Ängste im sozialen Raum und im Zusammenleben mit den Artgenossen überwinden: wir müssen uns anderen Menschen gegenüber mutig erweisen. Das gilt für den Erwachsenen wie für Kinder und Jugendliche: Modeströmungen nicht mitmachen, eine „dumme" Frage stellen; sich blamieren, einen Fehler eingestehen; sich entschuldigen, ja sagen, wenn die anderen dagegen sind, nein sagen, wenn die anderen dafür sind, sich auf die Seite des Schwachen schlagen, das sind alles Mut-Fragen.

Es geht weniger darum, ein Kind von seinen Ängsten zu befreien, sondern ihm zu einer mutigen Lebenshaltung zu verhelfen. Angst hat ja auch ihre positiven Seiten: sie hält wach, sie macht lebendig, sie warnt, sie schützt.

Keine Angst haben und furchtlos sein bedeutet noch lange nicht: mutig zu sein. Das Gegenteil von Angst ist Geistlosigkeit. Dumme Leute sind zur Angst gar nicht fähig. Mutig ist ja nur, wer Mut fassen kann. Der andere ist uneinsichtig oder leichtsinnig. Angstlosigkeit kann also auch geistige Trägheit, Phantasielosigkeit, Leichtsinn bedeuten. Mut setzt also Angst geradezu voraus und wächst erst in einem ganz bewußten Trotzdem. Mut ist deshalb nicht etwas, das man hat, man muß ihn immer wieder neu und situationsbedingt fassen. Streben wir also nicht eine angstfreie Erziehung an (ängstlich darauf bedacht, dem Kind Schwierigkeiten aus dem Weg zu räumen!). Besser, wir helfen ihm, seine Ängste nicht zu verstecken, sondern sie zu erkennen, sie handhaben zu lernen, mit ihnen zu leben und sie zu überwinden.

Appetit- und Eßstörungen

Eßstörungen vorübergehender Art kennen wir alle. Kummer, Sorgen, Trauer können einem die Kehle zuschnüren, und man mag keinen Bissen herunterwürgen. Auch Tiere pflegen zum Beispiel auf Milieuwechsel mit Nahrungsverweigerung zu reagieren. Jeder Tierhalter weiß auch, daß der Appetit seiner Pfleglinge ein Barometer ihres Wohlbefindens ist.

Leidet ein Kind, ohne daß ein medizinischer Grund dafür zu finden ist, an hartnäckiger und andauernder Appetitlosigkeit, die sich zur Nahrungsverweigerung und zum Erbrechen steigern kann, so sind möglicherweise Milieufaktoren im Spiel. Sie sind schwer aufzudecken, weil ausgerechnet der Lebenskreis appetitgestörter Kinder meist einen guten Eindruck macht. Die Eltern, hauptsächlich die Mütter, sind in ernsthafter Sorge und geben sich alle erdenkliche Mühe, den Widerstand des Kindes zu überwinden. Sie probieren mit dem schlechten Esser „alles"; sie laufen von einem Arzt zum andern, sie betteln, sie drohen, sie tadeln, sie strafen, sie schmeicheln. Gelegentlich stellt sich dann bei einer psychologischen Abklärung heraus, daß solche Überbetriebsamkeit und Überfürsorglichkeit einer meist unbewußten Ablehnung des Kindes und entsprechenden Schuldgefühlen entspringt.

Ferner kann es zu einer Polarisierung kommen, indem die Mutter den überfürsorglichen Part überspannt und der Vater eher einmal auf den Tisch schlägt und zu Zwangsmaßnahmen greift. Das gibt dem Kind die Chance, dank dieser Polarität eine problematische Machtposition zu erreichen und mit Hilfe des Essens seine Eltern zu spalten.

Für den häuslichen Alltag gibt sich die Konsequenz, das Essen nicht zu Lob und Tadel zu mißbrauchen, den Eßtisch nicht als Erziehungspodium zu benützen und nicht ausgerechnet während der Suppe, bei Kartoffelbrei und Braten an den Sprößlingen herumzuerziehen, bis ihnen der Appetit vergeht.

Erbrechen

Außer verschiedenen organischen kann das Erbrechen auch psychische Ursachen haben. Im Trotzalter wird es oft als Druckmittel gegen eine beengende oder zuwenig verständnisvolle Umgebung eingesetzt. Im Schulalter ist Erbrechen nicht selten auch Angstsymptom. Das Kind fürchtet sich vor Prüfungen, vor dem Versagen, vor dem Lehrer, vor der gesamten Schulsituation. Statt auszubrechen, erbricht es seine Nahrung. Eine „nervöse" Konstitution begünstigt funktionelle Störungen.

Manche Kinder benützen das Erbrechen als Fluchtweg aus Überforderungssituationen. Hier kann nur eine intensive Erziehungsberatung die Konfliktsituation und die Fehlhaltungen der Kinder und der Erwachsenen abbauen.

Mager- und Fettsucht

Ins gleiche Kapitel gehören Mager- und Fettsucht. Die seelisch bedingte Magersucht tritt fast ausschließlich im Jugendalter und vorwiegend bei Mädchen auf. Das kann eine Modesache sein. Man will so mager wie möglich sein, spindeldürr ist beautiful. Außerdem möchte man sich selber gefallen und gefällt sich eben doch nicht. So wird die Nahrungsaufnahme eingeschränkt, teils ganz verweigert. Aufgezwungene Speisen werden heimlich erbrochen.

Dieses willentliche Erbrechen wird als Bulimie bezeichnet. Es handelt sich um eine psychosomatische Störung, die in den letzten Jahren häufiger geworden ist – hauptsächlich bei jungen Frauen, zum Teil aber schon bei Mädchen im Pubertätsalter.

Durch körperliche Belastung (z. B. sportliches Training) versuchen die Mädchen die angestrebte Gewichtsreduktion zu beschleunigen. In der Folge wahnähnlicher Askese tritt Verstopfung auf, die Menstruation bleibt aus, Unterernährungserscheinungen können lebensbedrohliche Ausmaße annehmen. Zwischendurch kommt es manchmal zu heftigen Triebdurchbrüchen, heimlichem Naschen, Impuls-Stehlen, Befriedigung seltsamer Eßgelüste. Dies wiederum führt zu verstärkten Schuldgefühlen und weitgehend schärferen Einschränkungen.

Pubertätsmagersüchtige leiden kaum unter ihrem Zerfall. Sie wirken oft trotzig, kontaktarm, eigensinnig und wie besessen von der Idee, sich auszulöschen – dem Suppen-Kaspar gleich, der ja auch trotz vollem Teller verhungern wollte. Die Psychiatrie sieht die Pubertätsmagersucht als Extremform einer unbewußten Triebabwehr vor allem sexueller Art, als Rebellion gegen das geschlechtliche Reifwerden. Eine Behandlung ist darum schwierig, weil die Patienten oft wenig Krankheitseinsicht zeigen, ebensowenig Gesundungswillen, sondern die ärztlichen und psychotherapeutischen Bemühungen nach Möglichkeit sabotieren. In schweren Fällen sind Behandlung und Überwachung in einer Klinik nicht zu umgehen.

Das Gegenstück zur Magersucht ist die Fettsucht. Sie ist meist psychisch bedingt und entsteht durch eine Fehleinstellung zum Essen. Es gibt auch Erwachsene, die bei depressiver Stimmung an Appetit nicht verlieren, sondern im Gegenteil verstärkt Hunger haben und Kummerspeck ansetzen. Eltern fördern die krankhafte Freßsucht häufig, indem sie ihre Liebe zum Kind durch reichliches Angebot an Futter demonstrieren. Oft geht die Liebe überhaupt nur durch den Magen, so daß Fettsucht wie auch

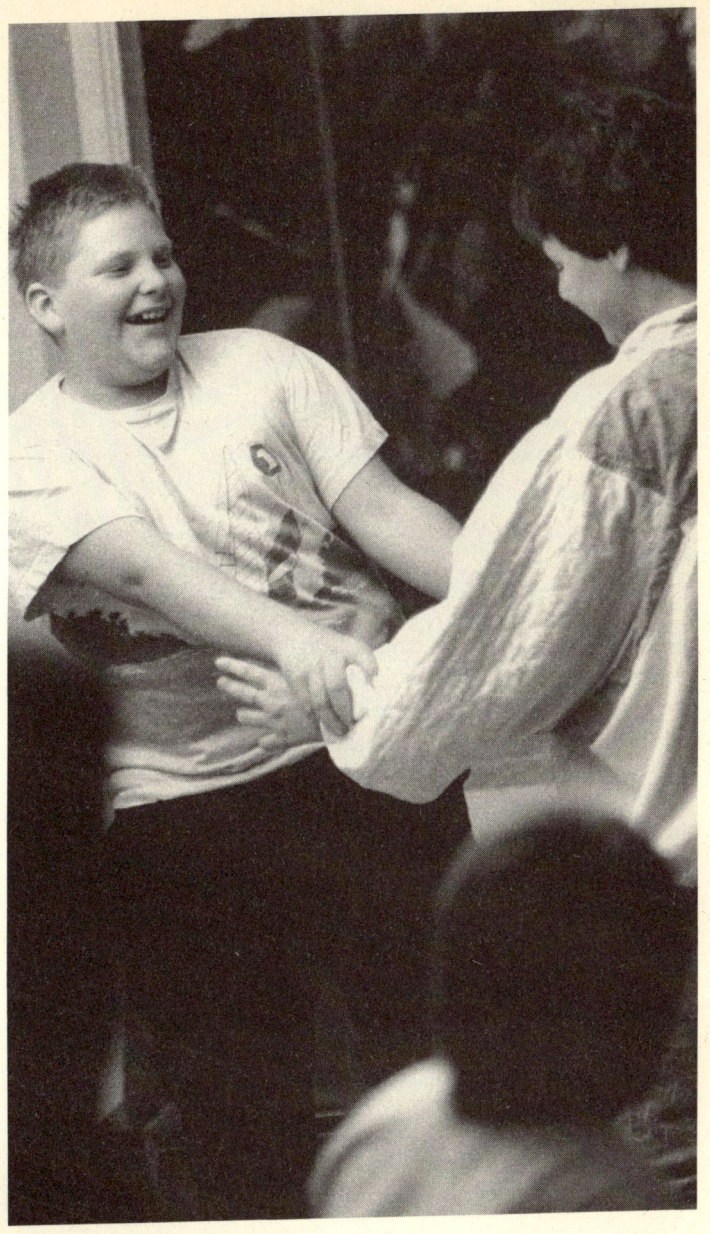

Appetitlosigkeit, Erbrechen und Nahrungsverweigerung oft auf eine Störung der zwischenmenschlichen Beziehungen deuten. Es lohnt sich schon aus gesundheitlichen Gründen, diesen Störungen nachzugehen.

Vergessen wir aber nicht, daß das rechte Maß an Schlankheit oder Rundlichkeit von Land zu Land verschieden ist. In südlichen Gefilden gilt Dicksein oft als Zeichen von Gesundheit und Wohlstand: „Da ist etwas dran, das hat Reserven für Notzeiten." Und auch von den barocken Putten könnte man ja nicht behaupten, sie seien schlank. So sind Schönheitsideale eben nicht von der Vernunft, sondern von ästhetischen Zielvorstellungen abhängig. Und diese Diskussion wollen wir Ihnen und uns ersparen.

Asthma

Die Erfahrung zeigt, daß das Asthmakind oft ein angstvolles Kind ist. Es hat Angst, seine Eltern zu verlieren, verlassen zu werden, es hat Sexualängste, Angst vor Strafen, Angst, gewissen Leistungsanforderungen nicht zu genügen usw. Tiefenpsychologen haben deshalb Asthma schon als „unterdrücktes Weinen" interpretiert. Das Asthmakind bleibt oft in kleinkindhafter Art an die Mutter gebunden und kann sie mit den zum Teil lebensbedrohlich aussehenden Erstickungsanfällen tyrannisieren. Das heißt, der Asthma-Anfall wird unbewußt oft dazu benützt, Forderungen – und sich selbst – durchzusetzen. Oft findet man im Erziehungsmilieu Pedanterien, Überbehütungs- und Einengungstendenzen. Die medizinische Behandlung des Asthmatikers konzentriert sich auf das Aufdecken und Ausschalten von Reizstoffen, auf welche das Kind allergisch reagiert, sowie auf Versuche, den kindlichen Organismus zu desensibilisieren oder wenigstens die Asthmasymptome medikamentös abzuschwächen. Höhenaufenthalte und Ferienverschickungen können Linderung bringen (wobei oft die Frage ist, ob der Luftwechsel nicht auch als Milieuwechsel günstig auf die Asthmakranken einwirkt).

Wünschenswert wäre jedenfalls, nicht nur medizinische, sondern auch soziale und psychologische Fragen abzuklären und außer den medizinischen auch kinderpsychiatrische (Psychotherapie) und heilpädagogische (Rhythmik, Heil-Eurhythmie, Atemgymnastik usw.) Möglichkeiten zu nutzen.

Wichtig für das Schulkind

Nicht wegen des Asthmas allein, sondern auch wegen der damit verbundenen erhöhten Infektionsanfälligkeit ist mit relativ häufigen Absenzen zu rechnen. Bitten Sie den Lehrer, Sie über den behandelten Schulstoff möglichst direkt und rasch zu informieren oder versuchen Sie, die Eltern eines zuverlässigen Schülers mit dieser Aufgabe zu betrauen. So kann das Kind rechtzeitig nacharbeiten und hat keine zu großen Wissenslücken. Eventuell sind auch Nachhilfestunden zu empfehlen.

Sagen Sie dem Lehrer, daß das Kind selbst in anfallsfreien Zeiten nicht immer voll leistungsfähig ist. Asthmamedikamente wirken häufig dämpfend, so daß eine gewisse allgemeine Schläfrigkeit oder Lahmheit nicht immer ganz auszuschalten ist. Außerdem können die durch Anfälle gestörte Nachtruhe und seelische Schwierigkeiten zu Schwankungen der kindlichen Leistungsfähigkeit führen.

Unterlassen Sie, das Kind von Schulveranstaltungen zu dispensieren. Es soll wenn immer möglich am Turnunterricht, an den Ausflügen, den Prüfungen teilnehmen wie alle andern Kinder. Sonderregelungen sind mit Zurückhaltung zu fordern, denn das Leiden wird gern als Fluchtweg benützt. Halten Sie sich an Vorschriften des Arztes, und seien Sie froh, wenn der Lehrer das Kind nicht als Spezialfall, sondern ganz normal wie jeden anderen Schüler behandelt. Das ist in den meisten Fällen das Sinnvollste.

Bettnässen

Die Beherrschung der Blasenfunktion ist eine Lernleistung, zu welcher das Kind meist erst im Laufe des zweiten Lebensjahres fähig ist. Erst wenn ein Kind auch nach dem dritten Jahr noch näßt, kann man von einer Störung reden. War ein Kind nie trocken, spricht man von primärem Bettnässen. Taucht es nach einer längeren „Trockenheit" wieder auf, liegt sekundäres Nässen vor. Außerdem unterscheiden wir das Einnässen im Schlaf vom Tagnässen.

Vielleicht tröstet es Bettnässer-Eltern, zu wissen, daß das Problem sich in der Pubertät meist von selber löst. Erwachsene Bettnässer sind selten. Trotzdem ist es natürlich für alle Beteiligten auch im Zeitalter der Wegwerfwindeln lästig.

Wenn der Arzt keine medizinischen Ursachen finden kann, darf eine seelische, umweltbedingte Störung angenommen werden.

Psychische Ursachen

- **Neurotische Fehlentwicklung,** zum Beispiel Trotzreaktion, Eifersucht auf ein jüngeres Geschwister.
- **Verwahrlosung,** denn die Beherrschung der Blasenfunktion stellt eine Lernleistung dar. Sie kann nur durch liebevoll konsequentes Training erreicht werden. Wo ein Kleinkind sich selbst überlassen bleibt und keine der für jeden Lernprozeß notwendigen Bindungen eingehen kann, wird es mit der Anpassungsleistung im Rückstand bleiben. Wobei das nicht im Sinne einer „Liebestyrannei" aufzufassen ist! Gewiß wird das Kind wohl im weiten Sinn „der Mutter zuliebe" sauber, aber nicht unter Druck, sondern aus Freiwilligkeit, aus „freier Liebe".
- **Fehlerziehung.** Pedantische Eltern können durch übertriebene Strenge und forciertes Reinlichkeitstraining die Gegenwirkung provozieren. Ebenso können sexuell gehemmte, moralische Erzie-

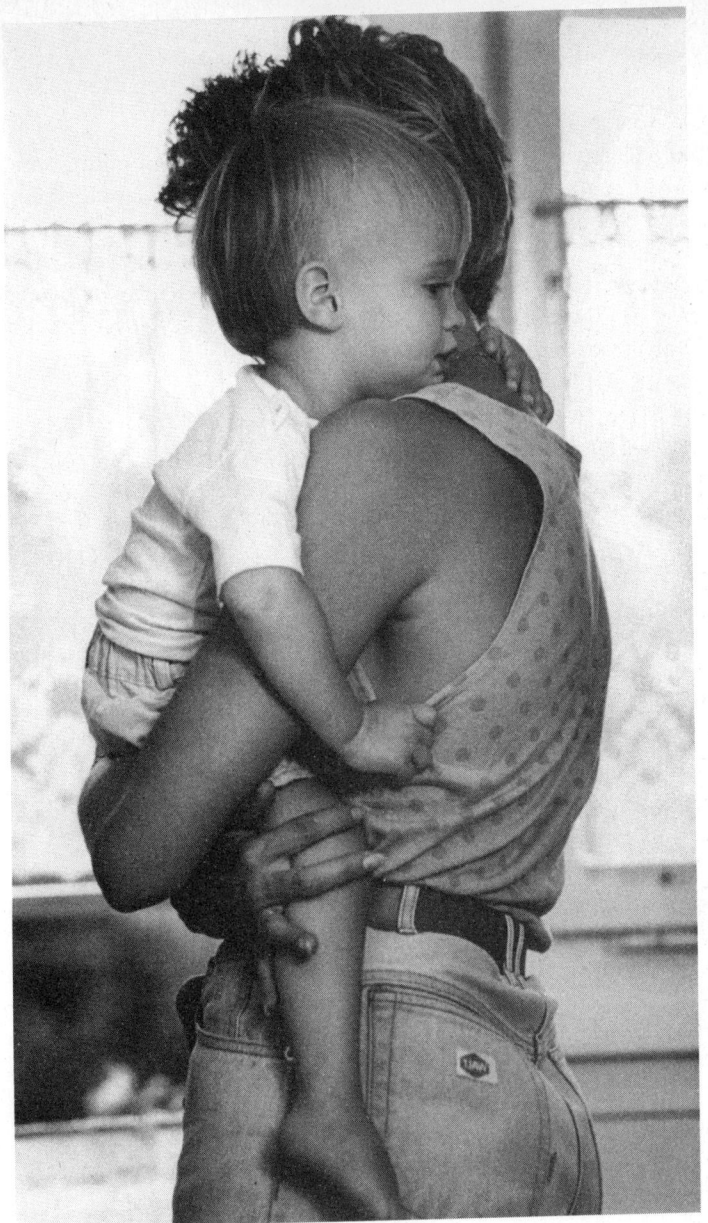

her, welche die Ausscheidungsfunktionen mit strengen Tabus belegen, verkehrten Einfluß ausüben.

An Empfehlungen für spezifische Heilmittel hat es nie gemangelt. Früher empfahl man Elektrisieren, Bestrahlen, Scheininjektionen, Beschneidung, Erzeugung künstlichen Fiebers, Penisklemmen, Hypnotisieren, Fußteil des Bettes höher stellen, heute eher Naturheil- oder chemische Präparate, welche beruhigend, das heißt harnverhaltend wirken sollen. Einzelerfolge seien nicht geleugnet. Die Frage ist nur, wie weit die Erfolge auch auf Suggestion beruhen, was wiederum auf psychische Hintergründe hinweist.

Ein paar Hilfsmaßnahmen

● Geben Sie dem Kind abends Trockenobst, aber nur, wenn es dies als Hilfe und nicht etwa als Strafe empfindet. Es will ja nicht bettnässen, es „bettnäßt ihm" einfach. Strafen ist darum keine Hilfsmaßnahme!
● Auch nächtliches Aufnehmen soll vom Kind nicht als Schikane und unliebsame Störung aufgefaßt werden. Es gibt Kinder, die das Aufnehmen schlecht ertragen und möglicherweise mit Schlafstörungen reagieren. Wichtig: nehmen Sie das Kind regelmäßig und über längere Zeit nachts etwa zwei Stunden nach dem Einschlafen auf, wecken Sie es aber richtig, damit es die Blase nicht schlaftrunken, sondern bei vollem Bewußtsein entleert.
● Vielen Kindern macht eine Art Buchführung richtig Spaß. Wichtig: nur die geglückten Nächte, das heißt die trockenen Schlafzeiten registrieren, mit Strichen, Klebfiguren, Puzzleteilchen, die, wenn das Puzzle fertig ist, die Erfüllung eines Wunsches bedeuten. Mißglücktes übergehen Sie stillschweigend.
● Gute Erfahrungen macht man oft mit einem Milieuwechsel. Wo immer es angeht und ohne Aufsehen zu machen ist, sollte man Bettnässern Bewährungschancen in Kolonien, Lagern, bei Wochenend-Aufenthalten bei Verwandten ermöglichen.
● Mit zum Besten, Bedeutungsvollsten gehört die gezielte Ermutigungspädagogik, und Hauptsache ist, die Erzieher lassen sich trotz

Pannen nicht entmutigen. Bettnässer sind oft viel ehrgeiziger, liebeshungriger und empfindlicher, als ihre zur Schau getragene Gleichgültigkeit und Verstocktheit ahnen lassen. Versäumen Sie nicht, der Kindergärtnerin, dem Lehrer zu sagen, daß ihr Kind bett-, eventuell auch tagnäßt. Diese Bezugspersonen können Ihrem Kind die Sicherheit geben, die es sonst, von zu Hause weg, oft in seinen Ängsten vermissen muß. Sie zeigen ihm, daß es die Selbstachtung nicht zu verlieren braucht, daß niemand es verspottet. Sie helfen ihm auch, trotz des Problems Freunde zu gewinnen. Entspannung und Hilfe kann oft bringen, daß ein Kind die Erlaubnis bekommt, das WC ohne zu fragen und auch während der Stunde aufzusuchen. Vielleicht ist der Lehrer so freundlich und erinnert es an regelmäßige Intervalle, natürlich ohne die Klasse aufmerksam zu machen.

Drogenmißbrauch

Rauschmittel sind schon seit Jahrtausenden bekannt. Zum weltweiten Problem wurden sie
- durch die Trennung des Genusses von festgelegten religiösen und sozialen Riten,
- durch die massenhafte Herstellung und Verbreitung,
- durch offene oder versteckte Propagierung, als Modeerscheinung oder falsche Ideale,
- durch leichtfertigen Genuß ahnungsloser, von falschen Erwartungen getriebener oder konfliktbeladener Kreise.

Süchtige gehören zum Arzt. Der Berufserzieher aber muß sich in der Rehabilitationsphase mit den gefährdeten Jugendlichen und denen befassen, die im Anschluß an die Behandlung den Weg wiederfinden sollen.
Bei dieser Gelegenheit darf man nicht vergessen, daß, obwohl man von Drogenmißbrauch am meisten hört, nicht die Rauschgifte, sondern der Alkohol zahlenmäßig die Seuche Nummer eins

ist. Im weitesten Sinn muß heute jeder Jugendliche als drogengefährdet bezeichnet werden. Zumindest mit Alkohol kommt praktisch jeder junge Mensch in Berührung. Aber auch Haschisch und andere Drogen sind den Jungen besser bekannt, als manche Erzieher annehmen.

Besonders gefährdet sind Jugendliche,
● ... **die sich in einer akuten Konfliktsituation befinden** (Familienzwist, Mühe, sich selbst zu finden, Spannungen zu Autoritätsinstanzen wie Lehrer, Eltern, Vorgesetzte);
● ... **die sich in einer depressiven Stimmungslage befinden** und von einem Gefühl der Sinnlosigkeit und der Langeweile niedergedrückt werden;
● ... **die entmutigt sind,** weil sie weder objektiven Leistungsanforderungen noch subjektiven Zielsetzungen zu genügen vermögen;
● ... **die über längere Zeit hinweg und allmählich in eine Randposition gedrängt werden,** sogenannte Drop-outs, und insbesondere in der Familie, aber auch in der Schule und der Altersgenossengruppe keinen Rückhalt mehr finden;
● ... **die eine ungefestigte, schwankende Persönlichkeitsstruktur aufweisen** und dazu neigen, Konflikte in der Schwebe zu halten und sich treiben zu lassen;
● ... **die – antriebsschwach und initiativarm – von der irrigen Annahme ausgehen, via Droge mühelos** zu besonderen Erlebnissen, zu „inneren Abenteuern" und zu kreativen Leistungen zu gelangen;
● ... **die – übersättigt und wohlstandsverwahrlost – einem diffusen Reizhunger verfallen sind;**
● ... **die sich in eine Trotzhaltung versteift haben,** jedoch mangels eigener Stoßkraft und Durchhaltevermögens oder resigniert via Drogenkonsum eine Ich-Erhöhung suchen, indem sie als „Bürgerschreck" wenigstens in negativer Größe erscheinen.
Nicht zu vergessen sind der Neugierkonsum, Experimentierlust aus Plausch und aus dem Bedürfnis heraus, „in" zu sein, mitzureden, Selbstversuche anzustellen. Solches Drogen-„Geplänkel" soll nicht zu Panik Anlaß geben. Aber man muß deutlich festhalten,

daß für ungefestigte, unerfahrene Leute auch das harmlos erscheinende Pröbeln nicht ohne Gefahr ist. Ideologische und politische Gründe, die von den Jugendlichen zum Teil ins Feld geführt werden, stellen demgegenüber eher nachträglich und konfuse Rechtfertigungsversuche dar. Wer tatsächlich politisch interessiert und engagiert ist, nimmt gegenüber dem Drogenkonsum eher eine skeptische Haltung ein.

Erzieherische Hinweise

- **Dringend notwendig ist sachliche Aufklärung,** die zur Voraussetzung hat, daß auch die Erzieher informiert sind. Leider wird vielerorts bloß schockiert und kurzschlüssig reagiert, was das Problem nicht löst, sondern verhärtet.
- **Reine Abschreckungskampagnen erscheinen Jugendlichen rasch ideologieverdächtig.** Ebenso scheint undifferenzierte Repression (zum Beispiel kein Ausgang, Verbote, gewisse Kontakte zu pflegen usw.) der Kriminalität Vorschub zu leisten. Die Tendenz geht heute dahin, vor allem die Händler zu treffen, den Konsumenten und Süchtigen aber therapeutisch und erzieherisch beizustehen. Drogenberatungsstellen, in denen Psychologen, Ärzte und Sozialarbeiter wirken, entsprechen daher einem dringenden Bedürfnis. Mancherorts arbeiten geheilte ehemals Drogenabhängige in den Therapeuten-Teams mit.
- **Adressen von Beratungsstellen** vermitteln Ihnen zum Beispiel der Schulpsychologe, der Schularzt usw. Kontakte lassen sich immer finden, wenn man sie finden will. Wer sich an diese offiziellen Stellen wendet, kann sich auf diskrete Behandlung verlassen. Sie alle unterliegen der Schweigepflicht. Und sollten Sie von einer Rechtswidrigkeit Kenntnis haben, so wenden Sie sich nicht an die Polizei, sondern an einen Jugendanwalt.
- **Eine ernsthafte Warnung!** Wenn Sie den Verdacht haben, es sei ein Jugendlicher in Ihrer Familie mit Rauschgift in Kontakt, so warten Sie nicht. Es ist dringend notwendig, sich so rasch, so früh wie möglich helfen zu lassen. Mit generellen Hinweisen ist im konkreten Einzelfall nichts zu erreichen.

Jugendliche im Vorstadium sind noch viel ansprechbarer und zugänglicher, als wenn sie schon mittendrin stecken. Es ist nicht schlechter Wille, wenn Drogensüchtige sich nicht helfen lassen. Sie können sich oft nicht mehr helfen lassen, sie können nicht mehr wollen. Ihre Willenssubstanz ist angegriffen. Sie bringen einfach die Kraft nicht mehr auf, da der Kern der Persönlichkeit betroffen ist und Appelle an die Ich-Instanz gar nicht mehr ankommen. Es gilt also, **vor** diesem Stadium Hilfe zu finden, weil Drogen auch irreparable Schädigungen körperlicher Art nach sich ziehen können.

Eine Frage ist uns allen gestellt:
Müßten Jugendliche vielleicht in die Benutzung bestimmter Drogen eingeführt werden (zum Beispiel Schmerzmittel, Alkohol)? Es ist bestimmt besser, der junge Mensch lernt beispielsweise die physischen und psychischen Wirkungen von Alkohol im Schutzmilieu der Familie kennen statt unter ernüchternden Umständen auf einer Party!

Nicht zu übersehen ist, daß Drogenabhängige Suchende und Flüchtlinge sind, die in unserer auf Leistung und Dynamik ausgerichteten Gesellschaft keinen Halt mehr finden. Die Drogenabhängigkeit des einzelnen ist also sozusagen ein Krankheitssymptom unserer Gesellschaft. Die Frage aber, wie eine Gesellschaft beschaffen sein müßte, damit ihre Mitglieder den Rausch als Alternative nicht mehr brauchen, ist nicht beantwortet und kann es vielleicht nie werden.

Wo eine Gesellschaft Normen aufstellt, geraten Menschen außerhalb. Die Frage der Toleranz berührt in dem Moment unser Verhältnis zu dem, was wir falsch finden und ablehnen.

Epilepsie

Es ist sehr wichtig, als Laie zu wissen: Epileptische Anfälle gibt es in verschiedensten Zusammenhängen – nicht jede Epilepsie äußert sich durch Anfälle – nicht jeder Anfall deutet auf Epilepsie.

Unter den epileptischen Anfallsleiden sind die sogenannten Grand-Mal-Attacken, welche durch Krämpfe und totalen Bewußtseinsverlust gekennzeichnet sind, am auffälligsten. Die sogenannten Petit-Mal-Anfälle hingegen werden ihrer weit milderen und weniger dramatischen Verlaufsform wegen oft übersehen oder mißdeutet. Dazu zählen wir:

Absenzen

Die sogenannten Absenzen dauern nur Sekunden, sind als Bewußtseinsverlust kaum bemerkbar. Kurzes Innehalten, Stocken der Tätigkeit, der Rede, verlorenes In-die-Welt-Starren, leichte motorische Störungen wie Augenverdrehen, Blinzeln, Grimassieren ist alles, was der Beobachter sieht. Der Betroffene bemerkt seine Dutzende täglicher Absenzen nicht.

Psychomotorische Anfälle

Zu den psychomotorischen Anfällen gehört als Kernsymptom die Bewußtseinstrübung. Die Betroffenen erkennen in solchen Zuständen ihre persönliche Situation nur unklar und befinden sich in ängstlich-verdrossener Stimmung, manche werden aggressiv, andere wirken geistig abwesend, verträumt, dämmerig.

Epileptische Verstimmungen

Epileptische Verstimmungen können vor einem Anfall, aber auch statt eines Anfalles auftreten. Sie werden oft als Unbotmäßigkeit mißdeutet. Symptome: unangenehme Körperempfindungen, kaum lokalisierbare Schmerzen, Unruhe, Distanzlosigkeit, Mißlaunigkeit, Affektausbrüche.

Diagnose

Eine zuverlässige Diagnose stellt der Spezialarzt vor allem auf Grund der Hirnstromkurven, des sogenannten Elektroencephalogramms (EEG), in Zusammenarbeit mit einem klinischen Psychologen, der allfällige Charakter- und Leistungsstörungen zu eruieren hat. Die besondere Gefährlichkeit auch der äußerlich harmlosen Formen liegt darin, daß sie Charakterveränderungen und Leistungsstörungen nach sich ziehen können: Dämmrigkeit, Schwerbesinnlichkeit, Verlangsamung des psychischen Tempos, Klebrigkeit, Pedanterie, Umständlichkeit. Jüngere Kinder werden eher überaktiv, aggressiv, distanzlos, überschwenglich.

Im motorischen Bereich zerfällt die Bewegungskoordination (zum Beispiel im Schreiben), die Sprache wird langsam, gedehnt, monoton, zögernd (sogenannte Stakkatosprache), Intelligenzstörungen zeigen sich durch verlangsamte Auffassungsgabe, Störung der Merkfähigkeit sowohl beim Speichern als auch Reproduzieren (Vergeßlichkeit).

Nur eine Minderheit der Fälle von Epilepsie ist vererbt. Meist sind sie auf Hirnschädigungen zurückzuführen, die vor, während oder nach der Geburt (zum Beispiel Hirnhautentzündungen, Unfall) erworben wurden. Mittels Medikamente, sogenannter Anti-Epileptika, ist eine wesentliche Verminderung der Anfälle zu erreichen, so daß eine Mehrzahl „störungsfrei" ein praktisch normales Leben führen kann. Da es sich aber nur um eine symptomzudeckende und nicht ursachenbeseitigende Therapie handelt, ist Dauermedikation unumgänglich. Es ist aber durchaus möglich, daß nach einer jahrelangen Behandlung die Medikamente schließlich abgesetzt werden können, so daß man doch von einer Heilung sprechen kann, das heißt, die Epilepsie hat sich dann wie überwachsen oder verloren.

Wichtig ist zu wissen, daß die Umwelt, das heißt Elternhaus

und Schule, viel zur Schaffung optimaler Lebensbedingungen und zur psychischen Gesundheit des Kindes beitragen können. Das epileptische Kind fühlt sich sehr oft ganz gesund und normal. Lästig sind ihm weniger die Anfälle (die es ja nur im Spiegel der Umgebung erlebt), sondern die einengenden Schutzmaßnahmen und Schonungsvorschriften. Ein epileptisches Kind soll also im Rahmen der ärztlichen Verordnungen ein normales Leben führen und auch am Turn- und Sportunterricht in der Schule teilhaben. Der Lehrer ist über die Krankheit aber unbedingt zu informieren, damit er zum Beispiel auf Ausflügen und auch in Pausenzeiten das Kind vor Extremsituationen (auf hohe Bäume klettern; weit in den See hinausschwimmen) und vor Überforderung schützen kann.

Als Sofortmaßnahme bei einem großen Anfall merken sich die Eltern (es könnte ja ein Epileptiker unter den Freunden Ihres Kindes sein!):
- Kein Panik.
- Ruhe bewahren.
- Epilepsie ist nicht ansteckend.
- Dafür sorgen, daß das Kind sich nicht verletzen kann.
- Beengende Kleidungsstücke öffnen, aber das Kind weder einengen noch festhalten.
- Das Kind nach dem Anfall nicht alleinlassen oder nach Hause schicken; sorgen Sie dafür, daß es sich bequem niederlegen und schlafen kann, es ist nach dem Anfall sehr erschöpft und müde und befindet sich in einem Dämmerzustand.
- Informieren Sie, falls die Eltern nicht erreichbar sind, einen Arzt. Er muß Art, Dauer und Begleitumstände des Anfalles wissen.

Für die Eltern epileptischer Kinder gilt:
- Nchmen Sie keine verwöhnende oder überbehütende Haltung ein.
- Achten Sie auf genaue und regelmäßige Medikamenteneinnahme – ein Unterbruch kann einen Anfall auslösen.
- Das Kind braucht reichlich Schlaf, der auch seinen Rhythmus

beibehalten soll; also keine nächtlichen Autofahrten in die Ferien!
- Vermeiden Sie abrupte Klimaveränderungen.
- Alkohol ist dem epileptischen Jugendlichen absolut verboten.
- Helfen Sie dem Kind, eine ausgeglichene Lebensführung zu erreichen. Aufregungen, Nervosität und Brüskierung sind zu vermeiden, ebenso extreme Leistungsanforderungen geistiger und körperlicher Art.
- Apropos Schule: nur ausgeprägte Verhaltensstörungen und Leistungsausfälle rechtfertigen eine Einweisung in eine Sonderschule.

Man sollte sich davor hüten, das gesamte Verhalten und Wesen eines Kindes auf seine Krankheit zurückzuführen, bis es keine Eigenschaften, sondern nur noch Symptome hat. Es ist wesentlich, daß Eltern wissen: nicht nur kann die Epilepsie die Persönlichkeit eines Kindes beeinflussen – das Kind prägt seiner Krankheit auch seinen persönlichen Stempel auf. Und noch etwas: wir sagten, Epilepsie könne sich auch in ganz kleinen Symptomen, in nur sekundenlangen Absenzen äußern. Damit ist natürlich die Gefahr von Fehldeutungen groß. Seien Sie nicht überängstlich. Im Zweifelsfall, wenn zum Beispiel ein Kind völlig unmotiviert und ohne äußeren Grund solche Auffälligkeiten zeigt, konsultieren Sie den Arzt. Und reden Sie unter keinen Umständen von Epilepsie oder auch nur von einem Verdacht, bevor eine solche Diagnose nicht wirklich eindeutig ist.

Faulheit

Im Unterschied zu Leistungsstörungen, denen mangelndes Können zugrunde liegt, handelt es sich bei der Diskussion um die Probleme der Faulheit darum, daß Kinder und (häufiger) Jugendliche trotz intakter und verschiedentlich unter Beweis gestellter Leistungsfähigkeit temporär und meist nicht in allen ihren Lebensgebieten durch mangelnde Leistungsbereitschaft und Arbeitsunlust in Konflikt geraten mit Schule, Elternhaus, Lehrmeister, im Musikunterricht, bei den Pfadfindern usw.

Faulheit in diesem Sinne ist aber sehr viel seltener, als man annimmt. Gerade im schulischen Bereich wird Faulheit oft verwechselt oder gleichgesetzt mit Leistungsstörungen, Langsamkeit, Bequemlichkeit, Trägheit, Müdigkeit, Gehemmtheit.
Worin unterscheiden sich diese aber von der „Faulheit"?

- **Leistungsstörungen**: Dem Kind steht kein den schulischen Anforderungen entsprechendes Können zur Verfügung. Die landläufige Behauptung: „Er könnte schon, wenn er wollte", ist in diesen Fällen ein arger Trugschluß.
- **Langsamkeit**: Es gibt Kinder, deren gesamtes psychisches Tempo aus ihrer Veranlagung heraus langsamer ist als das des Durchschnitts. Langsamkeit kann sich zwar in gewissen Situationen leistungsstörend auswirken, darf jedoch nicht von vornherein als Zeichen der Arbeitsunlust oder einer verminderten Begabung gewertet werden.
- **Bequemlichkeit**: Bestimmte Schüler genießen unter den Lehrern den Ruf von Minimalisten, keinen guten Ruf also. Trotzdem sind sie nicht – wenigstens nicht generell – als faul zu bezeichnen. Es handelt sich dabei oft um Schüler, welche den Weg des geringsten Widerstandes suchen und zum Teil viel Mühe (!) und Raffinesse aufwenden, um ihre Arbeit möglichst rationell zu gestalten. Bequemlichkeit ist an sich nichts Negatives. Ohne Bequemlichkeit hätte Drais nicht die Draisine erfunden, auf der er „im Sitzen gehen" konnte. Ohne Bequemlichkeit wäre wohl nicht einmal das Rad erfunden worden. Das nur als Denkanstoß, aber auch zum Trost für Faultier-Eltern (wobei zu bemerken ist, daß eben gerade auch das Faultier nicht faul ist, sondern einfach langsamer veranlagt).
- **Trägheit**: der träge Mensch ist im Unterschied zum faulen nicht in seiner Motivation gestört, sondern fällt durch eine primäre Antriebsschwäche und durch Energiearmut auf, so daß ihm unter Umständen schon die kleinsten alltäglichen Verrichtungen zur Mühsal werden.
- **Müdigkeit**: Sie mag auf den ersten Blick ein ähnliches Zu-

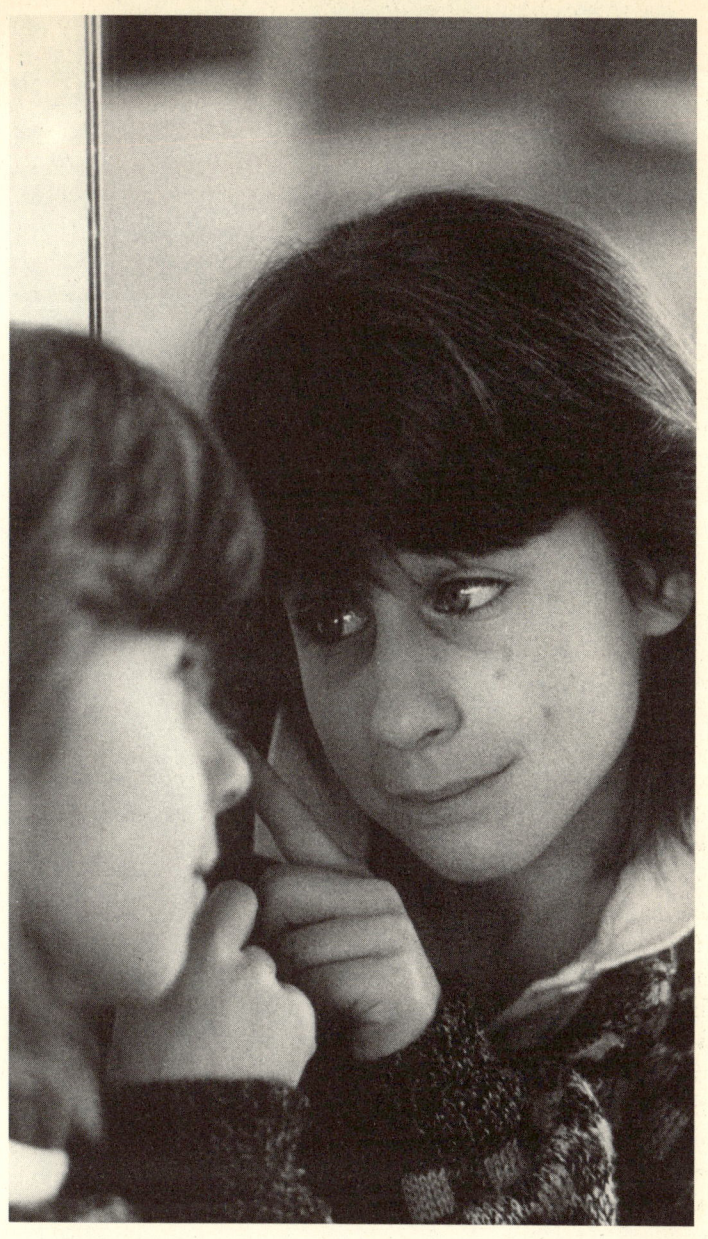

standsbild der Unlust und Passivität zeigen wie die Faulheit. Sie hat jedoch mehr den Charakter einer Störung, gegen die der leistungswillige Schüler ankämpft, während Faulheit eher eine Haltung ist, die der Mensch einnimmt – zu der er sich vielleicht sogar bewußt entschließt.
● **Gehemmtheit:** Auch dieser Störung kann ein Kind unterliegen. In der Schule macht sich das zum Beispiel im mündlichen Unterricht bemerkbar. Gehemmte und langsame Schüler kommen oft einfach nicht zum Zuge und werden dann – sehr zu Unrecht! – als faul eingestuft.

Sogenannte faule Kinder sind in ihrer Motivation beeinträchtigt. Probleme, Aufgaben, Arbeiten haben für sie keinen Aufforderungscharakter, bilden für sie keinen Beweggrund, sich zu betätigen oder sind aus ihrer Sicht und ihrem Empfinden heraus überhaupt sinnlos. Diese Sinnentfremdung tut sich also auf zwischen dem Kind und der von andern (zum Beispiel vom Lehrer) als „Arbeit" bezeichneten Verpflichtung. Faulheit ist nicht eine dem Kind „innewohnende" Eigenschaft, sondern hat ihren „Ort" in der Beziehung des Kindes zu seiner Umgebung.

Ursachen

Diese Motivationszusammenbrüche können verschiedene Ursachen haben:
● **Mißerfolgserlebnisse.** Jeder Mensch, vorab das Kind, ist angewiesen auf ein Minimum an Bestätigung. Besonders für die Erhaltung und Dauerhaftigkeit der Motivation ist das subjektive Erfolgsgefühl ausschlaggebend bedeutungsvoll. Ein Kind, das zum Beispiel in der Schule ständig frustriert wird, droht bald aus dem Arbeits- und Lernprozeß auszuscheren. Faule Kinder sind häufig zutiefst entmutigte und enttäuschte Kinder.
● **Motivationskonflikte.** Sie entstehen, wo die umweltlichen, zum Beispiel die schulischen Anforderungen und Zielsetzungen den Bedürfnissen und Interessen des Kindes nicht entgegenkommen. Wendet sich das Kind dann anderen, reizvolleren „Machen-

schaften" zu, so gilt es als verträumt, desinteressiert und leistungsunwillig.
- **Ein lebensfremder, das heißt erlebnisfremder Unterricht,** der dem Kind keinen Selbstbezug ermöglicht, kann sehr wohl Ursache kindlicher Leistungsunwilligkeit sein. Aber die Schule ist nicht immer schuld. Im häuslichen Bereich sind es die perfektionistischen Mütter, die die „Wohnhöhle" des Kindes in ihr Schöner-Wohnen-Programm einbeziehen und ihm jede Freude des Gestaltens und Umgestaltens (und damit nämlich auch Aufräumens!) nehmen.
- **Auch Unterforderung und Übersättigung geistiger und materieller Art** können Faulheit im Gefolge haben. So kann schon im Kleinkindalter der Drang zur Selbsttätigkeit und Selbständigkeit erstickt werden, indem man einem Kind sämtliche Schwierigkeiten aus dem Weg räumt, es übergängelt und quasi vergegenständlicht, es nicht als Person, sondern als Ding behandelt, indem man die aufkeimende Eigeninitiative immer wieder durch Fremdaktivitäten, das heißt durch äußere Anordnungen verdrängt. Das Kind wird so zum Vollzugsbeamten ohne jede eigene Initiative, es muß vollziehen, was ihm aufgetragen wird. Und in dem Moment, wo der Auftrag ausbleibt, steht beim Kind die Maschine still, sie läuft nicht von selber. Das Kind ist der verlängerte Arm der Eltern, sozusagen eine Knospe, die verdorrt, wenn sie allein leben soll. Man kann von Kindern, die stete Befehlsempfänger waren, nicht plötzlich Selbständigkeit und Eigeninitiative fordern.

Deshalb ist Faulheit des Kindes nicht selten eine Antwort auf elterliche Überaktivität. Sie kann in diesem Sinne auch eine Trotzreaktion gegenüber Riesenerwartungen der Erzieher darstellen. Insbesondere in unserer Leistungsgesellschaft erweist sich Faulheit als ungemein wirkungsvolle, Eltern und Lehrer stark verunsichernde Waffe.

Typisch menschliches Handeln ist zielgerichtet und in der Regel – mindestens vom Handelnden aus – sinnvoll. Kommt der Bezug nicht zustande oder geht er verloren, so wird die Arbeit als Dauerzwang empfunden, dem man sich – eben zum Beispiel durch Faulheit – zu entziehen versucht.

Faulheit kann aber schließlich auch der Ausdruck einer Lebenshaltung sein, einer Bedürfnislosigkeit. Daß Müßiggang aller Laster Anfang sei, ist eine zum Dogma erklärte Behauptung des Aufklärungs- und des Industrie- (= Fleiß)-Zeitalters. Nicht nur die Romantik und die Bohème der Jahrhundertwende, auch die Hippies lehnten sich gegen diese Anschauung auf.

Was man daraus lernen kann? Die Kunst der Muße ist den Menschen unserer Zeit verlorengegangen, so daß wir tatsächlich vor einem „Freizeitproblem" stehen. Faule Kinder und Jugendliche sollten uns deshalb daran erinnern, daß Fleiß an sich keine Tugend ist, sondern daß es immer wieder auf das Ziel ankommt, auf welches sich dieser Fleiß richtet. „Permanenten Fleiß" als Tugend zu betrachten, ist möglicherweise Schweizerart. Oft geht die Klage über das faule Kind eben ausgerechnet von leistungs- und perfektionsbesessenen Eltern aus.

Zurück zur heilpädagogischen Praxis:

Es ist sehr fragwürdig, faule Kinder zum Arbeiten zu zwingen. Durch Zwangsarbeit wird kein Arbeitsethos gestiftet. Extrem motivationsgestörte Kinder erfordern im Gegenteil einen Abbau der Fremdbestimmung, damit die eigene Initiative überhaupt wieder zum Atmen kommt. Unter Umständen muß dem „Faulen" zweckfreie Aktivität und Funktionslust wie im Kleinstkindalter gestattet werden. Praktisch: das Kind soll tun und lassen, was es (überhaupt noch!) will.

„Ihr zieht die Kinder ewig auf und laßt sie nicht gehen", sagt Jean Paul treffend, und er vergleicht so das Kind mit einer Uhr, die gerade darum stillsteht, weil jemand ständig die Feder überspannt. Es ist in der heilerzieherischen Arbeit etwas vom Eindrücklichsten, zu sehen, wie faule Kinder durch dieses Gehenlassen allmählich wieder wagen, ihre Antennen auszustrecken, quasi wieder auf Empfang zu schalten und so wieder echtes Interesse (wörtlich: Dazwischen-Sein) entwickeln.

Geistige Behinderung

Ursachen

Als Ursachen der geistigen Behinderung fallen in Betracht:
- **Erbfaktoren**, sogenannter Erbschwachsinn,
- **erbliche Stoffwechselanomalien**, das heißt, bestimmte Stoffe können nicht ordnungsgemäß abgebaut werden, was eine Hirnschädigung und mithin geistige Behinderung zur Folge haben kann,
- **Chromosomenanomalien**,
- **Unverträglichkeit der Rhesusfaktoren**,
- **während der Schwangerschaft**: Keim-, Embryo-, Fetusschädigungen durch Infektionskrankheiten, Vergiftungen, Verletzungen,
- **während der Geburt**: zum Beispiel durch Hirnblutung,
- **Hirnschädigungen** durch Krankheit oder Unfall,
- **extreme Frühverwahrlosung und mangelhafte Förderung**, sogenannter sozio-kultureller Schwachsinn.

Die neuere Forschung hat gezeigt, daß dem sogenannten Erbschwachsinn nicht die zentrale Rolle zufällt, wie man lange glaubte. Geistige Behinderung ist mehrheitlich durch äußere Faktoren bedingt. Leichtere Grade sind allgemein eher erblich oder durch sozio-kulturelle Faktoren bedingt, während schwereren Beeinträchtigungen häufiger ein Hirnschaden zugrunde liegt. Im allgemeinen wird mit einer Häufigkeit von 2 bis 4 Promille geistig Behinderter in der Gesamtbevölkerung gerechnet. Der Anteil sonder- bzw. kleinklassenbedürftiger Kinder dürfte bei 2 bis 3%, jener der teilbereichlich oder vorübergehenden Schulversager bei gut 10% liegen. Gegen das Erwachsenenalter hin nimmt die Zahl der Lern- und geistig Behinderten dadurch ab, daß etlichen die Integration in die Gesellschaft so gut gelingt, daß sie nicht mehr auffallen. (Während der Schulzeit ist das Prüfungs- und Auslesesystem doch sehr engmaschig!)

In der Psychiatrie pflegt man drei Grade geistiger Behinderung zu unterscheiden: Debilität, Imbezillität, Idiotie. In der Heilpädagogik (siehe nächstes Kapitel) sprechen wir von Schulbildungsfähigen, Praktisch-Bildbaren und Anregbaren.

Das hilfsschulbedürftige Kind zeigt:
- **eine mangelhafte Abstraktionsfähigkeit.** Es bleibt an das Konkrete, unmittelbar Gegebene gebunden. Es kommt oft nicht vom Detail los und kann Wesentliches von Unwesentlichem nur mühsam unterscheiden. Es fällt ihm schwer, Oberbegriffe zu bilden und Abstraktes zu verstehen.
- **eine mangelhafte Urteils- und Entschlußfähigkeit.** Es handelt oft kopflos, prellt vor, statt zuerst seine Reaktion zu überlegen.
- **eine mangelhafte Kritikfähigkeit.** Widersprüchen und falschen Zusammenhängen kommt es nur schwer auf die Spur. Geistig Behinderte unterliegen Verführungen in erhöhtem Maß, zum Beispiel in bezug auf Alkohol, Geld, Sexualität usw. Mangelhafte Selbstkritik ist auch der Grund für die oft naive Selbst-Ein- und gelegentliche -Überschätzung, zum Beispiel hinsichtlich der beruflichen Ausbildungs- und Weiterbildungsmöglichkeiten.

In den praktischen Bereichen des Lebens zeigt das geistig behinderte Kind weniger Auffälligkeiten. Seine Interessen und Wünsche unterscheiden sich kaum von denen der normalintelligenten Altersgenossen. Eine gewisse Pfiffigkeit gibt ihm in gewissen Situationen nicht selten eine Art von Überlegenheit. Wo andere werweißen, kann das geistig behinderte Kind spontan, eben „unbedenklich" zugreifen und hie und da den Nagel wirklich auf den Kopf treffen.

Wichtig zu wissen: Die Gruppenbildungen, Spielkreise, Kameradenverhältnisse dieser Kinder sind ziemlich unbeständig und störungsanfällig, falls die Erzieher nicht als wirkungsvolle Stütze und Verbindung helfen. Geistig Behinderte besitzen wenig Möglichkeiten, auftretende Konflikte sachlich beizulegen. Harmlose Neckereien oder Zufälligkeiten arten bei Verhaltensunsicherheit rasch in Tätlichkeiten aus, Wortstreite werden rasch zu Handgreiflichkeiten. Es ist jedoch falsch, daraus den Schluß zu ziehen, geistig Behinderte seien unberechenbar und bösartig. Sie sind ein-

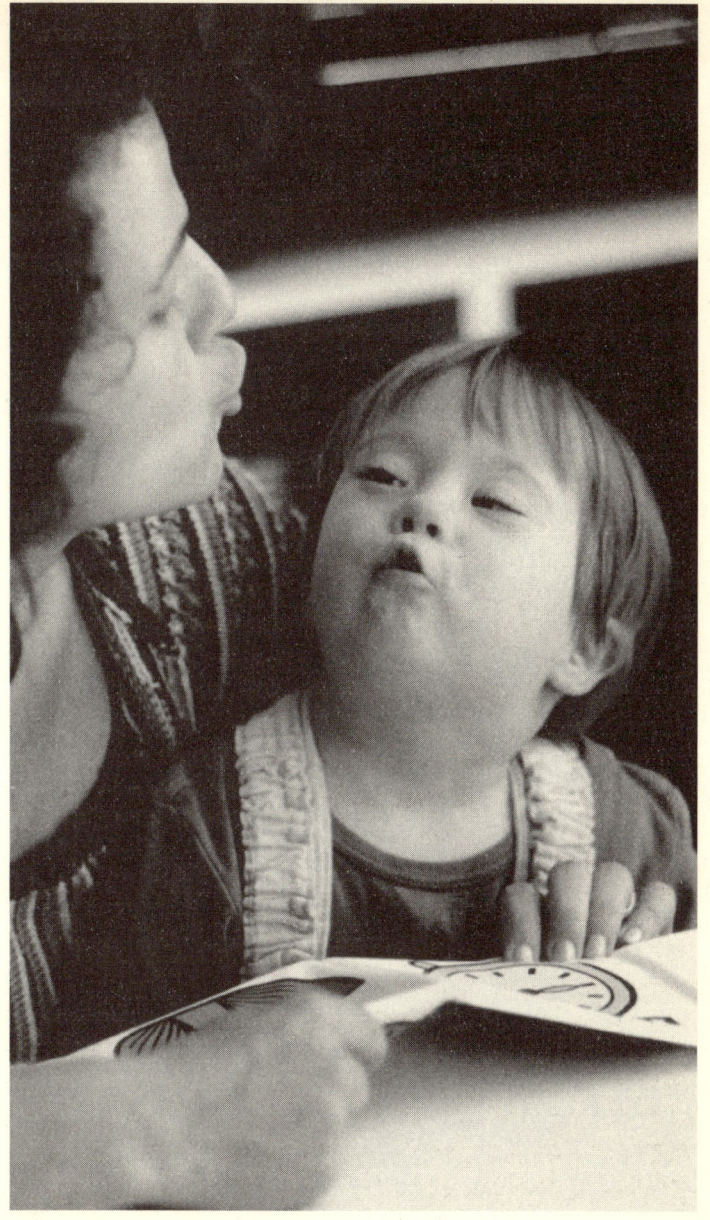

fach beschränkt in der freien Entscheidung. Die Überflutung durch Triebregungen, die egozentrische Haltung und die oft fehlende Überlegungspause zwischen Reiz und Reaktion verführt sie zu Kurzschlußhandlungen, zu plötzlichen Stimmungswechseln, so wie ja auch beim kleinen Kind Lachen und Weinen nah beisammen sind. Die Psychologie hat dafür den anschaulichen Begriff „Kipp-Reaktionen" geprägt.

Auch Überforderung kann Panik auslösen. Oft verlangen Eltern von ihrem Kind eine Selbständigkeit, eine Zuverlässigkeit, die es einfach nicht erreichen kann. Bei Druck und Strenge „explodiert" dann das Kind. Beim Normal-Intelligenten ist die Überforderungsschwelle einfach höher. Aber auch wir „explodieren", wenn man von uns verlangt, was wir gar nicht geben können.

Beim Praktisch-Bildungsfähigen treten alle diese Mängel noch stärker hervor. Die Körperbeherrschung, Sitzen, Gehen, Stehen, die Sauberkeitsgewöhnung und insbesondere die sprachlichen Fortschritte erleiden große Verspätung, bleiben auch ganz stekken. Unteraktive Kinder lassen Neugier, Entdeckerfreude und Initiative vermissen. Sie zeigen wenig spontanen Einsatz und oft kaum ein Interesse, das über die Befriedigung der leiblichen Bedürfnisse hinausweist. Sie sind still und in bedenklicher Weise brav. Die Gefahr ist groß, daß sie ihre Kinderzeit anregungslos verdösen.

Überaktiven geistig Behinderten fällt der Umgang mit Menschen und Dingen sehr schwer. Sie erregen buchstäblich dauernd Anstoß. Durch ihre Zappeligkeit und Sprunghaftigkeit geben sie dem Erzieher eine außerordentliche Arbeit auf. Ein hingebungsvolles Sich-Vertiefen ist ihnen kaum möglich. Sie sind extrem ablenkbar und reizanfällig, ermüden rasch, erholen sich aber nur langsam.

Die schwerstgeschädigten Kinder sind weitgehend und bleibend pflegebedürftig. Mit jahrelanger Verspätung erwerben sie unter Umständen die Gehfähigkeit und lernen einige Lallworte. Manche sind instinktgestört, essen in unbewachten Momenten Erde, Stoff, Exkremente. Andere wirken selbstzerstörerisch und können sich erheblichen Schaden zufügen. Einzelne würden ohne künstliche Ernährung zugrundegehen. Das Herstellen eines Kontaktes ist unter solchen Bedingungen zwar schwierig. Durch eine gezielte heilpädagogische Arbeit können jedoch das Verhaltensbild und die Lebensqualität meist erheblich verbessert werden.

Darum sei unterstrichen: eine totale Bildungsunfähigkeit gibt es nicht. Wer erreichen kann, daß ein geistig behindertes Kind fröhlich kräht oder wenigstens lächelt, daß es munter zappelt, wenn es Musik hört, wer seinem Kind nicht nur Nahrung gibt und es sauberhält, sondern ihm eine menschliche Wärme schenkt, eine Beziehung zu ihm pflegt, wird erleben, daß auch dieses Kind im Bereich der Gefühle zu Kontakten fähig ist und gewissen Anregungen entgegenzukommen vermag. Auch das schwerstgeschädigte Kind braucht Wärme, Freude, Liebe – wie wir alle. Einen breiten Raum in der Heilpädagogik nimmt deshalb die Arbeit mit den Eltern geistig behinderter Kinder ein. Sie bedürfen außer finanzieller Unterstützung einer Beratung in erzieherischer und schulischer Hinsicht.

Geistige Behinderung ist unheilbar. Einmal gesetzte Schäden sind nicht rückgängig zu machen. Durch heilpädagogische Bemühungen sind jedoch das Verhalten und die Leistungsfähigkeit positiv beeinflußbar. Der Heilpädagoge sieht sich daher vor das Problem gestellt, wie er den Behinderten mit seinem Defekt in unsere intellektualisierte Gesellschaft integrieren, ihm seinen Platz sichern kann. Die Erziehung geistig Behinderter ist ja stets auch ein Wettrennen mit der Zeit. Die Früherfassung und die spezielle Entwicklungsförderung schon im Kleinkindalter (zum Beispiel in heilpädagogischen Gruppen oder in Sonderkindergärten) sind von entscheidender Bedeutung. Die Erfahrung zeigt, daß wir durch eine optimale Ausnutzung heilerzieherischer Möglichkeiten die Zahl jener geistig Behinderten, welche für die Gesellschaft eine dauernde Belastung darstellen, auf ein Minimum zu reduzieren vermögen.

Völlig unabhängig von moralischen Erwägungen und einem indiskutablen Lebensrecht zeigen Rentabilitätsberechnungen, daß sich die finanziellen Investitionen in die heilerzieherische Arbeit auf lange Sicht ausgesprochen lohnen. Und das ist ein Gesichtspunkt, der in des Schweizers Schweiz nicht unbeachtet und unausgesprochen bleiben darf.

Heilpädagogik

Was ist überhaupt Heilpädagogik? Heilpädagogik ist Teil der Erziehungswissenschaft, der sich mit Sonderfällen beschäftigt, mit seelisch oder körperlich gebrechlichen Kindern. Locker gruppiert:
- **Körpergebrechlichkeit:** gelähmte, verkrüppelte, mißgebildete Kinder; Asthmatiker, Epileptiker und andere lange Zeit kranke Kinder; Kinder mit funktionellen Störungen wie zum Beispiel Bettnässen, Sprachstörungen usw.
- **Sinnesschädigungen:** gehörlose, blinde, taubblinde, schwerhörige und sehbehinderte Kinder
- **geistige Behinderung** verschiedener Grade und Bildbarkeitsstufen
- **spezielle Leistungsstörungen:** Sprachgebrechliche, Konzentrationsgestörte, Lese- und Rechtschreibschwache
- **Verhaltensstörungen und Fehlhaltungen:** lügen, stehlen, sexuelle Abartigkeiten, Ängstlichkeit, Aggressivität usw. neurotische und psychopathische Kinder.

Während das Wissen um die Erziehungsbedürftigkeit des Menschen so alt ist wie das Selbstbewußtsein, das Denken überhaupt, war der Miteinbezug des gebrechlichen Kindes in die pädagogische Besinnung während Jahrhunderten durchaus keine Selbstverständlichkeit. Scheu, Aberglaube, Interesselosigkeit und Moralismus verbauten immer wieder die Sicht auf die besondere Seins-Verfassung und die speziellen Bedürfnisse des abnormen Menschen.

Abgesehen von den karitativen Bemühungen einzelner Menschenfreunde und religiöser Gruppen sowie von einigen methodischen Ansätzen in der Blinden- und Gehörlosenbetreuung, existierte bis ins 19. Jahrhundert hinein keine eigentliche Heilpädagogik. Der Begriff taucht erstmals 1861 auf in einem Werk über die Betreuung idiotischer Kinder. Er gab der damaligen optimistischen Auffassung Ausdruck, geistige Behinderung sei durch geeignete medizinisch-pädagogische Maßnahmen heilbar. Solche

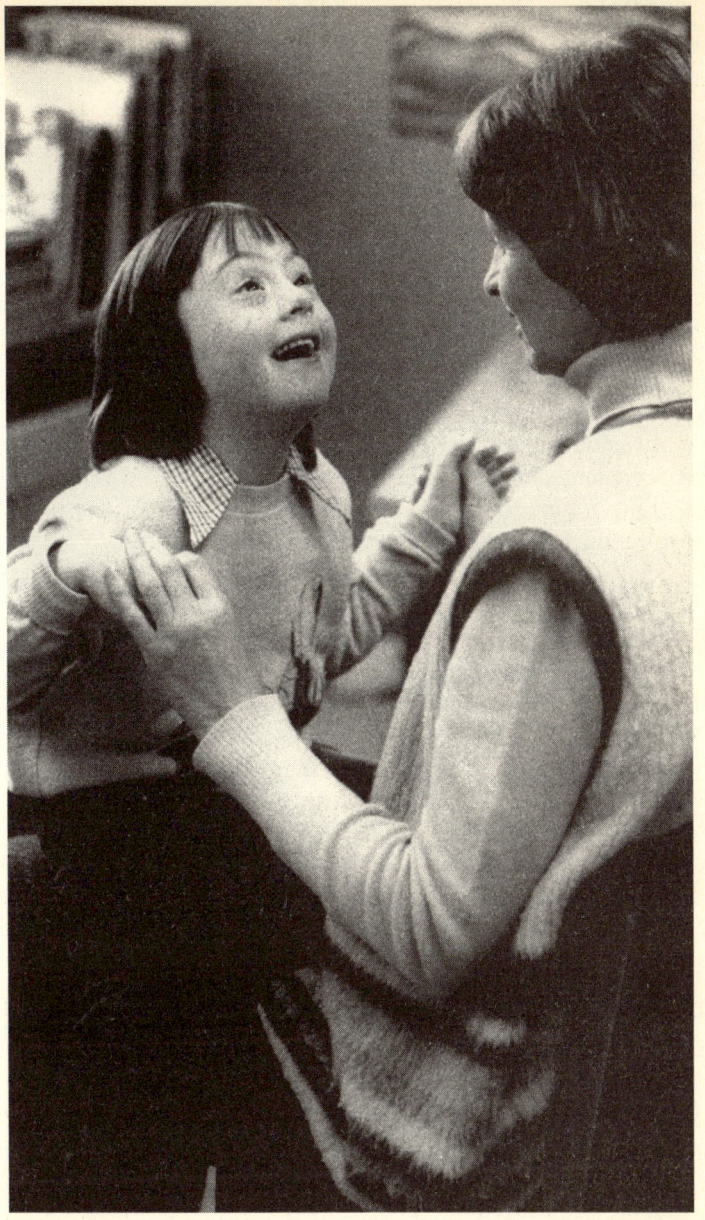

Hoffnungen haben sich dann allerdings rasch zerschlagen. Geblieben sind a) das Wort und b) das häufig anzutreffende Mißverständnis, der Heilpädagoge sei ein mit besonderen Tricks und Techniken arbeitender „Therapeut", welcher Heilungen zustande bringe. Heilungen sind in Wahrheit jedoch nur auf relativ schmalen Bereichen möglich.

Der Begriff „Heilpädagogik" kann aber gerettet werden, indem man darauf hinweist, daß „heilen" nicht nur „gesund machen" bedeutet, sondern daß der Heilsbegriff zum Beispiel in der Theologie einen weiteren Bedeutungsinhalt besitzt. So geht es denn auch in der Heilpädagogik im wesentlichen um die Frage, wie ein Mensch trotz eines unheilbaren Defekts zu seinem Heil, seinem Lebensglück, seiner Lebenserfüllung gelangen kann.

Zweierlei ist also im Begriff Heilpädagogik enthalten. Wohl Ausmerzung und Beseitigung von körperlichen oder psychischen Störungen und Defekten mittels psychologisch-pädagogischer Maßnahmen, zum Beispiel in Fällen von Sprachgebrechen, bei etlichen neurotischen Fehlentwicklungen. Häufiger jedoch hat es der Heilpädagoge mit Kindern zu tun, welche irreparable Schädigungen aufweisen, Gehörlosigkeit, Geistesschwäche, Sehbehinderung usw. Hier kann es nicht mehr darum gehen, das Kind irgendwie zu kurieren, sondern der Heilpädagoge muß es mit seiner Krankheit, seiner Schwäche, seinem Defekt, seiner Abnormität leben lehren. Es geht darum zu verhüten, daß sich Unheilbares zum Unheil auswächst. Heilpädagogik ist also übersetzt eine Pädagogik der Sonderfälle (daher auch Sonderpädagogik), die sich grundsätzlich mit den gleichen Problemen beschäftigt wie die sogenannte Normalpädagogik.

Check-Liste: **Was** liegt vor? Dazu gehört eine objektive und genaue Tatbestandsaufnahme, bei „abgestelltem" Affekt, das heißt weder in der Wut noch in der Angst oder der Aufregung, sondern ganz sachlich. Das ist der Anfang jeder Aktion.

Wo zeigt sich das Problem? Überlegen Sie sich die familiären Umstände, schulischen Kontakte, Konflikte mit Freunden usw.

Wann, das heißt in welchem Lebensabschnitt, treten die Störungen auf?

Warum kam es zu den Schwierigkeiten, welches sind die bestimmenden Faktoren? Eventuell können Sie auch die Frage beantworten: **Wozu** dient dem Kind sein Verhalten, was will es damit unbewußt erreichen? **Wohin** soll der Weg schließlich führen, welche Nah- und Fernziele kann man anstreben?

Wie ist das Ziel zu erreichen, welche Erziehungsmittel kann man einsetzen, welche Maßnahmen sind notwendig?

Was ist uns, dem Kind und den Eltern möglich?

Wo liegen die gemeinsamen Chancen?

Dieses Fragenbündel mit all den möglichen Antworten zielt auf eine Diagnose, die bei Ehrlichkeit und gutem Willen den Eltern und dem Kind oft ein gutes Stück weiterhelfen kann, sogar über eine Hürde hinweg.

Konzentrationsmangel

Die Sorgen um die Konzentration sind für Eltern meist gekoppelt mit der Schule und den Hausaufgaben. Und da Schule und Hausaufgaben einen beträchtlichen Teil des Kindertages umschließen, lohnt es sich gewiß, dieses Kapitel zu studieren. Unter Konzentration verstehen wir die Fähigkeit, die Aufmerksamkeit willentlich und bewußt auf einen Punkt, d. h. einen Gegenstand, einen Gedanken, zu richten und die Reaktion gegenüber Reizen, die nicht dazugehören, einzudämmen. Diese Fähigkeit kann geschwächt oder gestört sein.

Konzentrationsschwäche bezeichnet eine chronische, durchgehende Beeinträchtigung der Konzentrationsleistung. Sie ist fast immer zu beobachten bei hirngeschädigten Kindern, ergibt sich aber auch durch extreme Fehlprägungen besonders in der Frühphase, indem ein Kind z. B. in einer hektischen Atmosphäre aufwächst, nie in Frieden spielen lernt, da seine Umgebung es ständig stört. Die meisten Konzentrationsstörungen, die im Schulalter beklagt werden, haben ihre Wurzel im Kleinkindalter und sind also ein Erziehungsprodukt. Vielleicht nehmen Sie daraufhin Ihren Familienalltag unter die Lupe? Eltern, die selber ein gestörtes Verhältnis zur Zeit haben, die immer zu spät kommen und hinter sich selber herrennen, haben fast notwendig Kinder, die konzentrationsgestört sind. So wie das Kind sich im Raum zurechtfinden muß, muß es auch in der Zeit heimisch werden. Es braucht dazu Zeit von der elterlichen Zeit. Doch wenn die Eltern schon im voraus keine Zeit haben, dann haben sie auch nichts abzugeben. Der Kinderalltag läuft nicht mehr rund, das Kind kann nicht ausschwingen, eine Aktivität drängt die andere ohne Verschnaufpausen, das Kind wird überrollt, von einem pausenlosen Aktivismus. (Bei dieser Gelegenheit sollten Sie sich auch überlegen, ob Sie vielleicht Ihr Kind durch Ihre vielseitigen Förderungsbemühungen überfordern. Die Angst der Eltern, daß Hans nicht mehr lerne, was Hänschen nicht lernte, ist weit verbreitet. Dabei hat man inzwischen die großen Möglichkeiten permanenter Weiterbildung erkannt! Viel Nervosität sowohl bei Erwachsenen als auch bei Kindern entsteht durch das stete Gefühl von Zeitnot.)

Zurück zur **Konzentrationsstörung**. Als Störung bezeichnen wir eine zeitweilige, also vorübergehende, lediglich in bestimmten Situationen (z. B. in der Schule) auftretende, das Spiel aber nicht betreffende Leistungsbeeinträchtigung.

Konzentrationsschwache Kinder bedürfen meist einer Sonderschulung, während die konzentrationsgestörten Kinder die Normalschule besuchen und hier dem Lehrer wie auch einander das Leben sauer machen können. Konzentrationsstörungen treten kaum je isoliert auf. Sie sind meist verbunden mit weiteren Auffälligkeiten, mit „Nervosität", Verträumtheit, Verhaltensstörungen. Es sollte sich langsam herumsprechen, daß Leistungs- und Verhaltensstörungen (Streitsucht, Stören, Unbotmäßigkeit usw.) kovariant, d. h. gekoppelt auftreten. Sonst würden Lehrer nicht heute noch sagen: „Daß er nicht leistet, was er könnte, würde ich noch durchgehen lassen, aber daß er auch noch frech wird, geht über die Hutschnur!" Vielleicht merken Sie sich diese Zeilen und unterstreichen sie – für den nächsten Elternabend.

Zum Verständnis des konzentrationsgestörten Kindes muß man sich klarmachen, daß Konzentrationsfähigkeit zwar ein Erziehungsprodukt darstellt, das aber auf eine normale Veranlagung von Gehirn und Geist angewiesen ist. So zeigt das kleine Kind eine fast ausschließlich unwillkürliche Aufmerksamkeit, d. h. es wird von äußeren Ereignissen gefangengenommen und kann sich kaum willentlich auf etwas konzentrieren. Die Entwicklung der Konzentrationsfähigkeit setzt vertraute, störungsarme, entspannte Verhältnisse voraus, in welchen dem Kind Raum, Muße und Material zur Verfügung stehen für ein vertieftes Spiel.

Der Aufbau der Konzentrationsfähigkeit kann auch durch Verwöhnung gestört werden. Begabte Schüler, denen zunächst alles zu leicht fällt, versagen oft im Moment, wo erhöhte Anforderungen eine verläßliche Arbeitshaltung nötig machen. Außerdem kann der Konzentrationswille gestört werden durch Trotz und Opposition, Lernunwilligkeit, Schulverdruß, schulorganisatorische Mängel wie z. B. überfüllte Klassen, häufiger Lehrer- und Methodenwechsel.

Als Störfaktoren, die das Kind nicht beeinflussen kann, unterstreichen wir:
- **Ermüdung** (ungenügender oder gestörter Schlaf)
- **Überforderung** (die zu einem ziellosen Hantieren führt)
- **Angst und Sorge** (welche jeden Gedanken aufsaugen)
- **Stauungen des Betätigungsdranges** (durch Stillsitzgebote und Eingepferchtsein)
- **Unterforderung**
- **Langeweile** (wenig ansprechender, kindungemäßer Unterricht)
- **Hast und Unruhe** (nicht nur von Mitschülern, sondern auch von den Erwachsenen ausgehend!)
- **Reizübersättigung oder Monotonie**

Dieser keineswegs vollständige Katalog möglicher Störfaktoren zeigt, wie schwierig es ist, Konzentrationsstörungen von der Schule her zu kurieren. Gerade die Schule mit ihren mannigfaltigen Reizquellen, den notwendigen Leistungsansprüchen und den kaum auszuschaltenden Nivellierungstendenzen bietet dazu sicherlich nicht die besten Voraussetzungen.

Oft liegen die Störungsursachen im Elternhaus. Es ist also sinnvoll, wenn sich die Eltern konzentrationsgestörter Kinder einmal auf ihre eigene Konzentrationsfähigkeit konzentrieren, d. h. sich auf ihren Alltag besinnen. **Wie kann man sich selber und dem Kind eine gewisse Stütze geben?** So zum Beispiel:

1. Mißverstehen wir Konzentration nicht als zähneknirschende Anspannung. Konzentration ist zwar willentliche Sammlung, aber nicht Verkrampfung. Echt konzentrative Haltung ist entspannt und kommt auch in einer gelösten Körperhaltung und gelösten Gesichtszügen zum Ausdruck.

2. Schaffen Sie eine zeitlich und räumlich geordnete Umgebung, auf die Verlaß ist, deren „Konservativismus" zentrierend wirkt, Regelmäßigkeit, Stabilität, einen gleichbleibenden Tagesablauf, an den ein Kind sich halten kann. Natürlich ist in einem Haushalt immer etwas los, aber das Kind braucht einen gewissen „Tramp"; der gibt ihm Vertrauen, bedeutet Verläßlichkeit. Kinder sind nun einmal recht konservative Wesen – „conservare" als beschützen, bewahren, behüten verstanden. Für Wechsel und Buntheit sorgen sie selber. Wichtig ist, Sie halten Ihr Kind in dieser Ordnung an langer Leine, wobei die Betonung auf lang und halten liegt und nicht bei entweder/oder!

3. Achten Sie auf sinnerfüllte Freizeit, wobei das nicht immer mit Freizeitbeschäftigung zu tun hat. Hauptaugenmerk: das Kind soll aus leerer Betriebsamkeit oder stumpfer Apathie herausgeführt werden.

4. Lassen Sie sich nicht provozieren und wirken Sie nicht selber aufreizend durch Sprunghaftigkeit, überschießende Phantasie, Unsicherheit, Unordnung, mangelhafte Tageseinteilung, Druckmittel jeder Art und – allgemeinen Erziehungslärm!

5. Nur wer selber Konzentration, Sammlung und Ruhe hat, kann Konzentration, Sammlung und Ruhe um sich herum entstehen lassen. Man sollte also nicht fragen: Was muß ich mit dem konzentrationsgestörten Kind machen? Sondern: Wie muß unser Zuhause für unsere Kinder und uns selber sein? Was für ein Ort muß das Heim sein, in welches Kinder aus aller Störanfälligkeit nach Hause kommen? Und von daher werden Sie, wenn Sie durch Ihre Wohnung gehen, mehr als Ordnung schaffen, sondern dazu einen Ort, wo Konzentration, Sammlung und Ruhe möglich sind. Leicht ist es nicht. Aber man sollte es trotzdem alle Tage neu versuchen.

Körperbehinderung

Als körperbehindert bezeichnen wir Kinder, die durch Fehlfunktionen oder Fehlformen des Stütz- und Bewegungssystems dauernd behindert sind oder Mißbildungen aufweisen, welche die Beweglichkeit behindern oder den Umgang mit anderen im Kontakt erschweren (z. B. durch Deformation). Bewegungsstörungen zeigen sich je nachdem als Lähmungen schlaffer oder versteifender (spastischer) Art oder in Form schlecht koordinierter, nur ungenügend kontrollierbarer Bewegungsabläufe (z. B. cerebrale Lähmungen, Littlesche Krankheit). Mißbildungen werfen vor allem Probleme auf, wo sie die Beweglichkeit einschränken (Verstümmelungen, Wirbelsäulendeformationen), die Sprechentwicklung zu beeinträchtigen drohen (Gaumenspalte), das Kind schonungsbedürftig machen (Herzfehler) und/oder als störend empfunden werden (z. B. Feuermale).

Das von Geburt an schwergeschädigte Kind, das zeitlebens bettlägerig bleibt oder ein Rollstuhl-Dasein führen muß, droht durch den Mangel an Umwelterfahrungen und Bewegungsmöglichkeit in seiner seelisch-geistigen Entwicklung zurückzubleiben, wenn wir nicht „die Welt" ganz bewußt an es herantragen.

Obwohl Kinder mit nur geringfügigen Gebrechen körperlich kaum und bei bloßen „Schönheitsfehlern" überhaupt nicht beeinträchtigt sind, können sie an ihrer Auffälligkeit trotzdem enorm leiden. Hasenscharten, Sommersprossen, Fettleibigkeit usw. werden entweder schamvoll versteckt oder aber überbewertet und insgeheim verantwortlich gemacht für alles Ungemach, das Kindern widerfährt. Das zeigt, daß man den Begriff der Körperbehinderung oft weiter fassen muß als die Medizin: körperbehindert sind auch Menschen, die sich durch ihren Körper behindert fühlen und in irgendeiner Form an ihrer Leiblichkeit leiden. Die Körperlichkeit ist nun einmal etwas ungeheuer Wichtiges, und der Leib ist für das Kind das Lebensinstrument.

Eine schon im Kleinkindalter einsetzende spezielle erzieherische Betreuung des körperbehinderten Kindes ist dringend not-

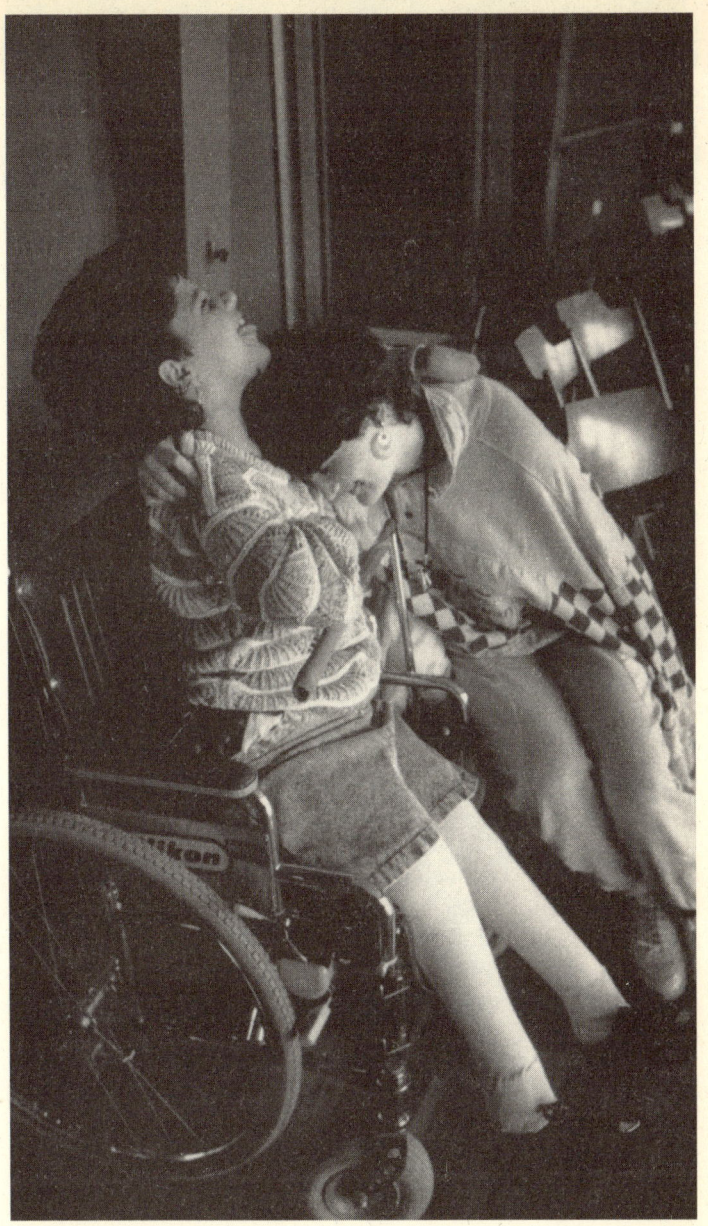

wendig. Seine Eltern brauchen eine gezielte Beratung, denn sie sollen ihrem versehrten Kind in spielerisch-ungezwungener Weise helfen, seine Körperbehinderung „in den Griff" zu bekommen. Armlose Kinder z. B. lernen ihre Füße spontan wie Hände zu gebrauchen und sind zu Ersatzleistungen bereit, die sich ein Erwachsener nur schwer abringen würde. Es ist höchst erstaunlich, wie gut Kinder sich umstellen. Ihre hohe Anpassungsfähigkeit, der unverwüstliche Optimismus wirken aber nur voll im Rahmen einer liebevoll-konsequenten Erziehung. Dazu gehört, daß Eltern sich mit der Wirklichkeit auseinandersetzen und erkennen, daß die Entwicklung ihres Kindes durch übertriebene Hilfen und falsches Mitleid gehemmt wird. Deshalb sollen behinderte Kinder auch soweit möglich die Normalschule besuchen.

Außer der speziellen schulischen Förderung, die ja für jeden Einzelfall gesondert abgeklärt werden muß, ist allgemein der Einordnung des Kindes in die menschliche Umgebung großes Gewicht beizumessen. Kinder, welche in ihrer Bewegungsmöglichkeit eingeschränkt sind, stehen in der Gefahr der Vereinsamung. Helfen Sie Ihrem Kind, indem Sie z. B. Freundinnen und Freunde einladen, bunte Spielnachmittage organisieren, Ihr Kind vielleicht Dinge lehren, durch die es Anerkennung gewinnt, Zauberkunststücke, Geschichten erzählen usw., es soll Freunde gewinnen durch eine eigene Leistung, nicht durch die Attraktion von Spielzeug oder Geschenken.

Vor allem die Mütter schwerbehinderter Kleinkinder muß man immer wieder daran erinnern, ihre Kleinkinder nicht wie Gegenstände zu behandeln, sondern sie aktiv mittun zu lassen, auch wenn es z. B. beim Anziehen, beim Essen länger geht. Viele behinderte Schulanfänger sind sehr passiv, weil man zu Hause die eigene Initiative durch voreiliges Eingreifen abgestumpft hat. Dieses Eingreifen ist ja auch verständlich. Es lastet doch auf diesen Müttern die ganze Verantwortung nicht nur zu Hause, sondern auch, was die notwendigen Therapie- und Arztbesuche betrifft. Berufstätige Väter sind nur abends und am Wochenende zur Entlastung der Mütter verfügbar – wenn überhaupt.

Eltern behinderter Kinder sind dringend auf bezahlte Unterstützung angewiesen, um ihrer außerordentlich zeitintensiven Aufgabe gerecht zu werden.

Mehr über das Bedürfnis nach „eigener Zeit" auf Seite 140.

Das Gefühl des Ausgeschlossenseins belastet das behinderte Kind oft viel mehr als das Gebrechen selber. Nicht das Gebrechen, sondern vielmehr seine Auswirkungen und was die Umwelt daraus macht, sind sein zentrales Problem. Das Kind sieht sich ja nicht nur, wie es ist, sondern wie die anderen es sehen. Es ist abhängig von der Einstellung und den Vorurteilen seiner Umgebung und davon, ob sie ihm positiv oder negativ gegenübersteht.

Psychische Fehlentwicklungen Behinderter, Egozentrismus, aus dem heraus sich Neid, Mißmut, Apathie, Interesselosigkeit, Quengelei und Aggressivität entwickeln können, haben hier ihren Anfang. Eltern muß bewußt sein, daß die Auseinandersetzung mit dem Anderssein für den körperbehinderten Menschen nie aufhört, sondern ihm lebenslängliche Aufgabe bleibt. Wird das kleine Kind mit Spielbehinderungen konfrontiert, hat das behinderte Schulkind seine Hemmnisse im sozialen Kontakt, denn es ist nicht so gruppenfähig wie seine Kameraden. In der Jugend, wo der Körper sozusagen die „Reklame" des Menschen ist und die ersten Kontakte schafft, hat der junge Mensch ganz massive Schwierigkeiten. Später muß er vielleicht Einschränkungen in der Berufswahl akzeptieren, Abweisungen in der Liebe ... Verzichtleistungen, die man nicht erbringen kann, wenn man durchs Elternhaus nur Verzärtelung und Verwöhnung erfährt. Alle Eltern möchten ihre Kinder stark machen fürs Leben. Die Eltern Behinderter sind es ihren Kindern besonders schuldig.

Kranke Kinder/Aids-Kinder

Kranksein ist eine vielschichtige Angelegenheit. Da ist erstens der Sachverhalt der Krankheit mit ihren Symptomen, Ursachen und Behandlungsmethoden, d. h. die Krankheit, wie sie im Doktorbuch steht. Zweitens geht es um betroffene Personen. Krankheit und Leiden, das ist zweierlei. Leiden ist das subjektive Erlebnis des Patienten: Schmerzen, Unwohlsein, Einschränkungen, Diät etc., alles wird persönlich empfunden, nicht zu vergessen, drittens, die einzelnen Begleiterscheinungen beim Kranksein. Man darf oder muß nicht zur Schule, darf oder muß nicht ins Turnen, ins Skilager. Viertens spielt auch die Frage nach Sinn und Bedeutung einer Krankheit ihre Rolle. Vielleicht ist der Gips heldenhaft erworben im Skilager, also wird der Arosergips stolz herumgezeigt – bis hin zu Aids, einer Krankheit, die man versteckt, als Schande empfindet. Das hat nichts mit dem Doktorbuch zu tun, sondern mit dem gesellschaftlichen Stellenwert einer Krankheit, auch mit Angst, mit Kleinlichkeit.

Für das Kind spielt es eine Rolle, wie eine Krankheit verläuft. Es gibt **die vorübergehende Krankheit,** die kommt und vorbeigeht, Typ Kinderkrankheit. Sie hat den Stellenwert eines Erlebnisses, ist ein Akzent im Kinderleben, oft langer Erinnerung wert, bis ins Erwachsenenalter, wenn sich wesentliche Erfahrungen darum gruppieren. Es lohnt sich darum, die Frage zu diskutieren, ob es immer richtig sei, eine Krankheit künstlich zu unterdrücken, sie abzukürzen, ungeduldig zu werden. Anthroposophisch-medizinische Überzeugung ist es beispielsweise, daß Kinderkrankheiten „durchzustehen" seien, weil aus dem Erlebnis des Krankseins ein Reifeschub resultieren kann. Kinder sind oft nach einer Krankheit nicht nur buchstäblich gewachsen, sie sind auch reifer geworden. Natürlich darf eine Krankheit das Kind nicht gefährden, aber man soll sie auch nicht unbedingt chemisch möglichst umgehend vertreiben. Der Volksmund sagt: „Eine Krankheit ist wie ein Brief: man muß sie lesen."

- **Chronische Krankheiten,** z.B. Diabetes, Epilepsie, Asthma, können permanente Einschränkungen bedeuten und die Lebensqualität eines Kindes erheblich mindern, indem sie ihm eine unkindgemäß temperierte Art der Lebensführung aufnötigen. Kinder, die auf ihren Organismus zu achten gezwungen sind, sind oft wie alte Leute, wirken unkindlich im Vergleich zu ihren Altersgenossen. Ihre heitere Grundstimmung ist gefährdet, wenn Eltern nicht ein besonderes Augenmerk darauf haben.

- **Das Schicksal von Kindern mit tödlich verlaufenden Krankheiten** – manche Tumorkinder, Leukämiekinder – ist für ihre Umgebung eine große Belastung, weil in unserer Gesellschaft der Kindestod als besonders tragisch empfunden wird. Ein Kind zu verlieren, das heißt mit, daß sich Hoffnungen nicht mehr erfüllen werden. Der Verlust eines solchen Kindes, in das man außerordentlich viel Erwartungen zu investieren pflegt, Gefühle von erfülltem Glück, ist stets auch eine persönliche Kränkung, ein nicht erfüllter Anspruch an sich selber.

Kranke Kinder leiden nicht selten mehr an den Begleiterscheinungen als an der Krankheit selber. Die Maßnahmen belasten: Therapie, Bettruhe, Isolation, eine Trennung von zu Hause. Besonders bei der letztgenannten Konsequenz ist der Entfremdungseffekt umso größer, je weniger Ausgleichs- und Orientierungsmöglichkeiten zur Verfügung stehen. Im Spital gelten andere Regeln. Das ist vor allem für Kleinkinder außerordentlich belastend und kann zu Hospitalismusschäden, affektiven Störungen, Depressionen führen.

Rooming-in, Beteiligung der Eltern an der Pflege, eventuell sogar deren Mitaufnahme, vermehrte Kontakte zur Außenwelt, auch zu Geschwistern und Kameraden, sind wichtig und hilfreich. Zuwendung und Kontakte dürfen um keinen Preis abbrechen. Sind Kinder länger im Spital, möglicherweise immobilisiert (z. B. nach orthopädischen Eingriffen), ist psychologische Betreuung unbedingt empfehlenswert. Es geht nicht nur darum, ein Kind zu beschäftigen, sondern mit Hilfe von Psychologen und Heilpädagogen speziellen psychohygienischen Bedürfnissen, wie sie sich um diagnostische Prozeduren, Operationen, Therapien einstellen, Rechnung zu tragen.

Es ist immer wieder erstaunlich, wie ungeheuer tapfer Kinder sein können, auch Kleinkinder, und mit wieviel Mut sie Unannehmlichkeiten überstehen, vorausgesetzt, sie fühlen sich durch präsente menschliche Beziehungen gestützt und gehalten. Wenn es gelingt, daß auch die Schwestern und der Arzt einen Weg zum Kind finden, und wenn das Kind ihnen vertraut, ist vieles gewonnen. Ist kein positiver Bezug da, kann ein Kind entsetzlich leiden und versteht die notwendigen Behandlungsmaßnahmen als Angriff auf seine Körperlichkeit. Ist die Therapie schlimmer als die Krankheit, steht die Welt des Kindes kopf.

Aidskranke Kinder ... zum Beispiel

Aidskranke Kinder bilden bis heute eine zahlenmäßig zwar kleine Gruppe, doch sie repräsentieren ein bedrückendes gesellschaftliches Problem. Die speziellen Schwierigkeiten liegen zum Beispiel in der Schuldproblematik der Eltern. Die Eltern HIV-infizierter Kinder fühlen sich (objektiv natürlich zu Recht) schuldig, durch ihre eigene Krankheit und ihren möglichen frühen Tod Ursache seelischer Not ihres Kindes zu sein. HIV-infizierte Eltern verfügen aus begreiflichen Gründen oft auch nicht mehr über jene psychische Präsenz, die das Kind braucht – ganz abgesehen von Krankheitssymptomen und körperlicher Schwäche, die einen normalen Alltag stören.

Ein großes Problem für das HIV-infizierte Kind ist, daß es sich ja subjektiv körperlich gesund fühlt und daß es ganz normale soziale Bedürfnisse hat. Es wird aber von seiner Umgebung als bedrohlich erlebt und ist den Ängsten seiner Umwelt ganz massiv ausgesetzt, mit anderen Worten: es hat unter der Angst der anderen zu leiden, unter Berührungsängsten, unter Ansteckungsängsten.

Die größte Gefahr für diese Kinder – und ebenso schwerwiegend wie die körperliche Bedrohung – ist die Gefahr der sozialen Ächtung. Schlimmstenfalls geraten sie in die gleiche Rolle wie früher die Aussätzigen: soziale Isolation, sozialer Tod – lange vor dem leiblichen Tod.

Von da aus stellt sich die Frage, soll man, muß man, darf man die nähere Umgebung eines solchen Kindes (Kindergarten, Schule, Nachbarn etc.) darüber informieren, daß das Kind HIV-infiziert ist? Einerseits wäre es dem Kind zu Nutzen, wenn man es geheimhalten könnte. Anderseits hat die Umgebung ein Recht darauf, ihre Schutzbedürfnisse gewahrt zu wissen. Kollektive und persönliche Interessen stehen einander gegenüber. Von pädagogischer Seite könnte ein gewisser Auftrag abgeleitet werden zur Eindämmung der Aidsproblematik: nicht nur durch die übliche sexuelle Aufklärung, die sich ja im wesentlichen auf Fakten bezieht, sondern durch Dämpfung der unangebrachten Aids-Hysterie. Aids ist ein medizinisches Problem, Hysterie ein psychologisches. Dazu muß man wissen, daß es im Kleinkind- und Schulalter sehr unwahrscheinlich ist, daß es zu aidsübertragendem Kontakt (= Blutkontakt) kommt, und daß man durch einfache Vorsichtsmaßnahmen dieses winzige Restrisiko vermeiden kann. Das würde konkret heißen, daß ein HIV-infiziertes Kind durchaus in einen normalen Kindergarten, in die Regelschule aufgenommen werden soll. Die soziale Gefährdung des HIV-Kindes ist unwahrscheinlich größer als die medizinische Bedrohung seiner gesunden Schulkameraden.

Daß ein Kind im Straßenverkehr umkommt, ist viel wahrscheinlicher, als daß es durch ein HIV-Kind infiziert wird. Trotzdem dürfen Kinder auf die Straße. HIV-Kameraden hingegen werden gemieden. Auch (kirchliche) Jugendgruppen hätten hier einen Auftrag: etwas zu tun, statt nur zu diskutieren. Desgleichen soll die Schule ein Ort sein, wo das Kind – jedes Kind – sich als normal erleben kann, ohne Desintegration, ohne Diskriminierung.

Diffuse Ängste bei Eltern, Kindergärtnerinnen, Lehrern sind durch rationale Aufklärung nur sehr bedingt abbaubar. Es müßten einzelne Eltern, die intellektuell und gefühlsmäßig mit diesem Problem ins reine kommen, Signale setzen und ihre eigenen Kinder mit HIV-Kindern zusammenbringen. Kurz: gesucht ist Modellverhalten, buchstäblich notwendig ist das gute Beispiel, das Kreise zieht.

Wenn Information schon sein muß, soll man die Sache dann auch einmal auf sich beruhen lassen. Wer ständig an einem Problem herumkratzt, verhindert, daß unverkrampfter alltäglicher Umgang möglich wird. Wir müßten wegkommen von der Wortmagie – schon beim Wort „Aids" fürchten viele die Ansteckung! Angst abbauen durch menschlichen Umgang ist das eine – nicht leichtsinnig werden das andere, was Erziehung erreichen muß.

Lernbehinderung

Als lernbehindert bezeichnet man Kinder, die trotz intakter Sinnestätigkeit, intaktem Bewegungsapparat, das heißt trotz körperlicher Gesundheit, den Anforderungen der Normalschule auf die Dauer nicht gewachsen sind, für die aber die Aussicht besteht, durch spezielle Förderung zu einem Schulabschluß zu kommen und die Kulturtechniken, also lesen, rechnen und schreiben, zu lernen und damit später einer einfachen beruflichen Tätigkeit nachzugehen.

Die Ursachen solcher Lernbehinderung sind mannigfaltig. Früher meinte man, die sogenannten schwachbegabten Kinder seien leicht schwachsinnig. Inzwischen wurde erkannt, daß in den gegenwärtigen Kleinklassen (früher auch Hilfs- und Förderklassen genannt) Kinder mit sehr unterschiedlicher, manchmal sogar normaler Intelligenz versammelt sind. Der Erbschwachsinn spielt bei Lernbehinderung eine untergeordnete Rolle (siehe auch Kapitel Geistige Behinderung). In den Hilfsklassen befinden sich nebst Gruppen von Kindern mit leichten hirnorganischen Schäden (normale Intelligenz, teilbereichliche Leistungsstörungen) auch mangelhaft geförderte Kinder, die vor allem ein unterdurchschnittliches Sprachniveau aufweisen. Es finden sich mehrheitlich, das heißt bis zu 80 % und mehr, Grundschicht-Kinder, was bedeutet: soziokulturelle Faktoren, zum Beispiel die familiäre Herkunft des Kindes, spielen eine große Rolle.

Kleinklassen sind allerdings nur eine Möglichkeit, diesen Kindern zu einer angemessenen Bildung zu verhelfen. Mindestens ebenso wichtig wären Frühförderungsmaßnahmen bereits im Kleinkindalter, um Vernachlässigungsgefahren auszuschließen und damit spätere Einweisung in Kleinklassen möglichst zu vermeiden. Verschiedenenorts wird auch versucht, diesen lernbehinderten Kindern, im Rahmen eines Gesamtschulkonzepts, mit Stützunterricht weiterzuhelfen. Damit haben Lernbehinderte die Möglichkeit, innerhalb des normalen Schulbetriebs in ihren „Problemfächern" Förderkurse zu besuchen, in denen der Stoff in ihnen angepaßter Form angeboten wird. Das Kleinklassensystem unserer Prägung bedeutet, um es ehrlich zu sagen, immer auch die Gefahr einer zusätzlichen sozialen Diskriminierung, wogegen die Eltern sich verständlicherweise heftig zur Wehr setzen. Es ist auch nicht zu bestreiten, daß Lernbehinderungen immer in Abhängigkeit zu bestimmten Schulsystemen stehen. Das zeigt sich daran, daß die Anzahl der lernbehinderten Schüler regional sehr unterschiedlich ist, je nach Anspruchsniveau der Volksschule und der Einweisungs- bzw. Selektionspraxis. Das heißt: das gleiche Kind kann zum Beispiel in ländlichen Verhältnissen ohne Hilfsschule als schlechter Normalschüler sein Abgangszeugnis von der Normalschule erhalten, während es in einer Region mit ausgebautem Sonderklassensystem zum Lernbehinderten oder Hilfskläßler wird. Hie und da nicht einmal aufgrund genauer Abklärungen, sondern unter dem Druck administrativer Faktoren und Verfügungen.

Für alle Eltern gilt: Einsicht ins Hilfsschulproblem ist sehr wichtig. Eine Einweisung ist eine einschneidende Maßnahme für alle Beteiligten. Sie sollte grundsätzlich nur über eine schulpsychologische Diagnose und nicht als Maßnahme und Verfügung „von oben" erfolgen. Sagen Sie das weiter, wenn in Ihrer Bekanntschaft oder bei Nachbarn das Problem auftaucht. Die Eltern haben das Recht, sich dagegen zu wehren, daß ihre Kinder das Opfer von „Umteilungen" werden, ohne daß sie mitreden und mitdenken können. Eine schulpsychologische Diagnose ist auch kein Urteil, sondern eine Orientierungshilfe. Die Einstellung und die Hilfe der Eltern ist deshalb sehr wichtig. Kleinklassen-Einschulungen sind ein Anfang und nicht das Ende! Jede gut geführte Kleinklasse hat auch das Ziel, Kinder so weit wie möglich wieder in die Normalklasse einzugliedern. Wo das nicht möglich ist, soll Kindern zu Kenntnissen und Fähigkeiten verholfen werden, die eine spätere berufliche Tätigkeit ermöglichen. Das bedeutet: auch der Kleinklassenschüler muß für seine berufliche Zukunft alle seinen Fähigkeiten entsprechenden Chancen haben. Was vielleicht viel zuwenig beachtet wird: die Schüler lernen in der Kleinklasse nicht einfach weniger. Sie lernen angepaßter, sie lernen anders – und wenn Lehrer und Eltern zusammenspannen, auch besser. Weitaus die meisten Kleinklassenabgänger meistern ihr späteres Leben in durchaus befriedigender Weise, so daß kaum jemand auf den Gedanken kommt, den ehemals völlig zu Unrecht verspotteten „Spezi" als abnorm einzustufen.

Lügen

Je nach Ursache und Motiv unterscheiden wir eine ganze Reihe von Lügenarten: Bequemlichkeit-, Verlegenheits-, Not-, Scherz-, Renommierlügen, altruistische Lügen (die zum Beispiel andere decken sollen, Selbstanklage, obwohl keine Schuld vorliegt), konventionelle, also Höflichkeitslügen, aber auch Heuchelei, Verstellung, Simulieren, Mogeln, Dergleichentun und andere nicht unbedingt ausgesprochene Unwahrheiten.

Seien wir uns klar: die Lüge ist aus dem menschlichen Leben nicht wegzudenken. Schon die Sprache ist voll von unwahren Bildern, Floskeln. Nicht jedem, dem wir einen guten Tag wünschen, wünschen wir in Wahrheit einen guten Tag. Und die Geschäftsleute, die einander „hochachtungsvoll" in Briefen grüßen, sind keineswegs so voller Hochachtung einander gegenüber.

Zurück zum Kind: Ausdrucksverfälschungen unterlaufen ihm häufig unbeabsichtigt und unbewußt. Es fabuliert. Es phantasiert. Manchmal auch, weil es seine Sprache noch unvollkommen beherrscht. Auch Erwachsene unterliegen Sinnestäuschungen, und ihre Vorstellungen nehmen oft Wahrnehmungscharakter an. Ein praktisches Beispiel dafür, wie Sein und Scheinen nicht übereinstimmen; die Mutter sagt etwas, erlaubt etwas, befiehlt etwas – aber eigentlich denkt sie das Gegenteil, steht also nicht hinter dem, was sie sagt. Vielleicht duldet sie lächelnd, daß das Kind sich beim Wasser-und-Sand-Spiel schmutzig macht. Sie hat das im Erziehungsbüchlein gelesen und weiß, Kinder brauchen das. Aber innerlich sträubt sie sich dagegen, und eigentlich ärgert es sie entsetzlich, daß das „sein muß". Das Kind spürt den Widerspruch zwischen den Gefühlen der Mutter und dem, was sie sagt. In Ame-

rika nennt man das „double-bind", gemeint ist sozusagen eine „Beziehungsfalle", aus der das Kind keinen Ausweg findet. Denn wie soll es entscheiden, ob es den Worten der Mutter, die vom Intellekt her kommen, glauben soll, oder ihren Gefühlen folgen soll, die sie ja gar nicht ausgesprochen hat?

Ein ähnliches Problem ist das jener Eltern, die zwar nackt, aber verklemmt in der Wohnung herumlaufen, weil sie gelesen haben, das gehöre zur freien Sexualerziehung des Kindes ... aber in Wirklichkeit haben sie weder Lust dazu, noch liegt ihnen dieser erzwungene Striptease. Eltern sollten sehr viel mehr auf ihre Gefühle achten und im Zweifelsfall lieber tun, was sie spontan richtig finden, als das Gegenteilige, das aber im Büchlein steht. Lüge ist das alles ja nicht, aber doch eine Verlogenheit im besten Bemühen, es besonders richtig zu machen. Solche Fälle tauchen in Erziehungsberatungen übrigens immer wieder auf. Der Berater hat es dann nicht leicht, gerade weil ja alles bewußt gut gemacht wird, die Momente zu finden, wo Sein und Scheinen nicht übereinstimmen.

Problematisch wird es, wenn Kinder und Erwachsene stets dazu neigen, zu Lügen Zuflucht zu nehmen, ohne Motiv zur Lüge greifen oder in ihrer ganzen Lebenshaltung eine Verlogenheit ausdrücken.

In unserem Jahrhundert ist anstelle des Kampfes gegen die Lüge (der nicht selten auf eine bloße Symptombehandlung hinauslief oder Verlogenheit als Lebenshaltung zur Folge hatte) die Bemühung um eine Erziehung zur Wahrhaftigkeit getreten. Hüten wir uns aber, das Kind mit überrissenen und nicht erfüllbaren Forderungen zu schrecken. Es geht vielmehr darum, eine Reihe „einfacherer Tugenden" einzuüben, die sozusagen im Vorfeld des hohen Ideals der Wahrhaftigkeit liegen, ohne die die Wahrhaftigkeit nicht zu erreichen ist.

Sie lassen sich an einer Hand abzählen:

1. Offenheit: Offen ist der Mensch, der nichts verbirgt. Offenheit ist dem Kind von Natur aus eigen, sie bildet einen Wesenszug der Kindlichkeit. Das Beste, was wir für die Offenheit unternehmen können, ist, nichts gegen sie zu unternehmen. Freilich wird das Kind lernen müssen, sich in bestimmten Situationen zurückzuhalten, da rückhaltlose Offenheit auch verletzend wirken kann. Es braucht also, wenn es nicht gefragt wird, der Tante gar nicht zu sagen, daß es den Pulli, den sie ihm gestrickt hat, scheußlich findet und nicht anziehen will! Die Frage ist: Erziehung zum taktvollen (= wohl höflichen, aber nicht offenen) Schweigen oder zur schonungslosen Offenheit? Man kann auch lügen, indem man den Mund hält ...

2. **Ehrlichkeit:** Sie drückt sich vor allem darin aus, daß sie jedem das Seine zubilligt. Ehrlichkeit übervorteilt nicht. Sie respektiert Besitz und Eigentum des anderen. Sie gründet daher auf dem Unterscheidungsvermögen von Mein und Dein. In der Unehrlichkeit überschneidet sich das Problem des Lügens mit dem des Stehlens.

3. **Echtheit:** Echt ist der Mensch in bezug auf sich selbst. Echtheit bedeutet, sich selber zu sein, nicht etwas vorzutäuschen, Schein und Sein in Übereinstimmung zu bringen. Echtheit drückt sich im Wesen und nur kleinstenteils in Worten aus. Die Echtheit eines Kindes hängt ganz entscheidend davon ab, ob wir ihm gestatten, sich so zu geben, wie es tatsächlich ist – mit anderen Worten: es selbst zu sein.

4. **Sachlichkeit:** Sachlich nennen wir eine Haltung, welche unter Ausschluß persönlicher Interessen und subjektiver Anmutungen (bloßes Meinen, Gefühlsurteile fällen usw.) einer Person, einem Gegenstand, einer Situation gerecht zu werden versucht. Sachlich sein heißt daher auch immer wieder: absehen können von sich selber. Je jünger ein Kind ist, desto schwerer fällt ihm eine Objektivierung. Genaue Beobachtung von Sachverhalten, getreuliche, treffende sprachliche Darstellung des durch die Sinne Wahrgenommenen, das heißt des Gesehenen, Gehörten, Gespürten, Gefühlten, Übungen der Merk- und Kritikfähigkeit, das alles muß durch Jahre hindurch geübt werden. Auch wir Erwachsenen haben mit dieser Sachlichkeit doch immer wieder unsere Heidenmühe, zum Beispiel wenn wir den Tatbestand bei Unfällen schildern, als Zeugen aussagen sollen.

5. **Aufrichtigkeit!** Aufrichtig, also aufrecht, ist ein Mensch, der sich nicht vor einem mächtigeren Artgenossen duckt. Aufrichtigkeit ist damit unlösbar mit einer Haltung des Mutes und des Stol-

zes verbunden. Wer aufrichtig ist, setzt stets mehr oder weniger sich selber aufs Spiel. Dies gilt ganz besonders für das Kind, das sich ja in der Welt der Großen und Mächtigen behaupten muß. Ein Kind kann nur aufrichtig sein aufgrund der Gewißheit, daß es dadurch nicht lebensnotwendige Beziehungen verscherzt; die Aufrichtigkeit des Kindes kann als Tugend des Erziehers bezeichnet werden, denn schließlich ist er es, der das Aufrichtigsein ermöglicht. Er kann es aber auch unterdrücken und hat somit die Unaufrichtigkeit eines Kindes auf sein Konto zu nehmen.

Diese wenigen Andeutungen genügen, um zu zeigen, daß man von einem Kind nicht einfach Wahrhaftigkeit verlangen oder ihm das Lügen austreiben kann wie einen bösen Dämon. Zwang und Strafe machen ein Kind nicht wahrhaftiger, höchstens raffinierter. Wahrhaftigkeit ist aber auch nicht ein für allemal erworbener Besitz. Wir alle, Kinder und Erwachsene, können nur von Mal zu Mal versuchen, wahrhaftig zu sein, so wie Tugendhaftigkeit sich nicht in einem Wissen und wie moralische Erziehung sich nicht in der Vermittlung ethischer Grundsätze erschöpft. Mut zur Wahrhaftigkeit erwirbt man nur durch Übung und über viele Mißerfolge hinweg. Das Kind muß jenes kribbelige Gefühl immer wieder an sich erfahren, das einen beschleicht, wenn man einer Verfehlung überführt wird oder eine unklare Haltung einnimmt. Nicht nur das Kind, wir alle müssen immer neu erstaunte, erboste, höhnische, bittere Gesichter ausstehen lernen, wenn wir der Wahrhaftigkeit verpflichtet bleiben wollen. Die Erfahrung bleibt keinem erspart: Wahrhaftigkeit ist eine schöne Tugend, aber auch eine sehr mühsame Angelegenheit. Wir müssen lernen und das Kind lehren, daß wir alle unvollkommen und fehlbar sind und daß man mit der Lüge – der fremden wie der eigenen – nun einmal leben muß, ohne darob zu verzweifeln. Das Bewährungsfeld der Erziehung ist die Welt mit all ihren Unzulänglichkeiten ... was uns trotzdem dazu verpflichtet, den Versuch, das Menschenmögliche zu verwirklichen, nie aufzugeben.

Retardation und Akzeleration

Beides stellt sich uns als erhebliche Abweichung von der normalen durchschnittlichen Zeitlinie dar, d. h. als Verfrühung bzw. Beschleunigung (= Akzeleration) oder als Verspätung (= Retardation). Diese Abweichungen betreffen entweder den gesamten Entwicklungsverlauf oder aber nur einzelne Bereiche, zum Beispiel die sprachliche, sexuelle, soziale oder intellektuelle Entwicklung. In solchen Fällen spricht man von Teilretardierung oder -verfrühung, welche im Effekt auf eine mehr oder minder problematische, weil unharmonische Entwicklung hinausläuft.

Akzeleration

Unter Akzeleration versteht man die körperliche und seelische Entwicklungsbeschleunigung, wie sie in der Neuzeit weite Kreise der Jugend ergriffen hat. Zwei Charakteristika stechen hervor: ein vermehrtes Längenwachstum (in unserem Kulturkreis sind die Menschen in den vergangenen 150 Jahren durchschnittlich 11 cm größer geworden), sowie eine Vorverlegung der Geschlechtsreife um 2 bis 3 Jahre seit der Jahrhundertwende. Über die Ursachen dieser Erscheinungen, die verstärkt in städtischen Verhältnissen und in den gehobenen Schichten zu beobachten sind, ist man sich noch nicht ganz einig. Wahrscheinlich wirken verschiedene Faktoren zusammen: bessere Säuglingspflege, vitaminreichere Kost, erhöhter Zuckerkonsum, Reizüberflutung, u. a. m.

Schwierigkeiten entstehen, wo sich größere Widersprüche zwischen körperlicher, intellektueller und charakterlich-sozialer Reife ergeben, indem ein solches Auseinanderklaffen etwas ungemein Irritierendes hat für einen Erzieher. So ist die junge Dame in Wirklichkeit ein naives Kind, und der scheinbare Mann entpuppt sich als läppischer Flegel, der den Kopf voller Flausen hat. Überforderungen und Überschätzungen führen nicht nur zu Hause, sondern auch in Schule und Lehre oft zu bitteren Enttäuschungen.

Retardation

Retardation wird, im Unterschied zur geistigen Behinderung, als eine zeitlich beschränkte, grundsätzlich aufholbare Verzögerung aufgefaßt. Man spricht daher von Spätentwicklern oder volkstümlich von Kindern, welche den Knopf erst später aufmachen. Der geistig Behinderte dagegen hat, um beim Bild zu bleiben, gar keinen Knopf, der in diesem Sinn aufgehen könnte.

Retardationen können konstitutionell bedingt sein. Auch bei Frühgeburten und zarten und/oder kränklichen Kindern beobachtet man gelegentlich Verzögerungen, die bis ins Schulalter hineinreichen. Am problematischsten sind Retardationen, welche aufgrund einer massiven Frühverwahrlosung entstanden, da sich diese nicht selten als irreparabel und endgültig erweisen. In den vergangenen Jahrzehnten lieferte vor allem der sogenannte psychische Hospitalismus viel Gesprächsstoff. Das Wort weist auf die ersten diesbezüglichen Beobachtungen in Kinderspitälern und Kinderkrippen hin. Es ist allerdings so, daß eine Frühverwahrlosung auch in einer Familie stattfinden kann, sie ist keineswegs nur auf Institutionen beschränkt!

Symptome der Frühverwahrlosung

Sie gleichen stark dem Bild der geistigen Behinderung:
- **Körperliche Erscheinungsformen:**
schwächlich, oft untergewichtig, erhöhte Krankheitsanfälligkeit, Eß-Störungen.
- **Bewegungsformen:** ausdrucksarm, zu immer wiederkehrenden Bewegungsabläufen neigend wie Wackeln, Wiegen, Kopfanschlagen, verspätetes Greifen, Sitzen, Gehen.
- **Stimmung:** depressiv, unlustig, verdrossen, weinerlich.
- **Sozialverhalten:** desinteressiert, apathisch, ängstlich, kontaktscheu.
- **Sprache:** starke Verzögerung, Sprechunlust, Wortschatz-Armut.

Besonders negativ wirken sich auf die Entwicklung des Klein-

kindes aus: ungenügende Pflege, mangelnde gefühlsmäßige Zuwendung, häufiger Wechsel der Beziehungspersonen im Zusammenhang mit Schicht- und Personalwechsel, zum Beispiel in Kleinkinderheimen, Abkapselung, mangelnde geistige Anregung, mangelnde Identifikationsmöglichkeiten mit vergleichsweise reiferen Personen beiderlei Geschlechts, Geschwistern, Erwachsenen. Medizinisch einwandfreie Pflege und Ernährung genügen nicht! Aber auch in einem Heim, einer Krippe sind die Gefahren des Hospitalismus in Grenzen zu halten, nämlich durch individuelles Eingehen auf das einzelne Kind, durch Spielpflege und die Schaffung einer privaten Atmosphäre. Derartige Anstrengungen werden heute in zunehmendem Maße verfolgt. Über Retardation im Zusammenhang mit Schulreife informiert das Kapitel „Schulreife".

Schlafstörungen

Ein erquickender ungestörter Schlaf setzt nicht nur Müdigkeit, körperliches Wohlbefinden und eine angenehme Ruhestätte voraus, sondern auch die Möglichkeit und innere Bereitschaft, sich dem Schlaf hinzugeben. Von Schlafstörungen sprechen wir da, wo ein Kind trotz optimalen Verhältnissen den Schlaf nur schwer finden kann (= Einschlafstörungen) oder wo dieser in auffälliger Weise unterbrochen wird (= Durchschlafstörungen). Nach kinderpsychiatrischen Schätzungen leiden etwa 20% aller Kleinkinder und Schulanfänger an Schlafstörungen, bis zum 11. Lebensjahr gehen sie auf etwa 8% zurück.

Einschlafstörungen

Gelegentliche Einschlafstörungen, deren Ursache meist unschwer zu erkennen ist (ereignisreicher, aufregender Tag, Milieuwechsel, interessanter Besuch im Wohnzimmer), sind aus jeder Kinderstube bekannt. Als durchaus normale und vorübergehende Erscheinungen sind sie an sich bedeutungslos, machen aber die Situation deutlich, in welcher sich ein Kind befindet, das durch einen Dauerstrom unterschwelliger Erregungen in seinem Schlaf gestört wird. Befürchtungen und Ängste können sich in Schreckgebilden und Spukgestalten niederschlagen, die das Kind in Wachtraumphantasie verfolgen und zu halluzinationsähnlichen Erlebnissen führen, die sich Abend für Abend wiederholen.

Kopfwackeln und Körperwerfen

Die sogenannte Jactatio capitis (oder corporis) nocturna kann in gewissem Sinn auch zu den Einschlafstörungen gezählt werden, obwohl beides im Grunde der Spannungsverminderung und Beruhigung dient und mithin dem Einschlafen förderlich ist. Diese Jaktationen, u. a. das Kopf-hin-und-her-Wiegen im Kissen, meist mit Daumen im Mund, treten in verschiedenen Zusammenhängen auf, zum Beispiel bei schwer geistig Behinderten oft stundenlang auch tagsüber, bei nervösen Kindern, solchen, welche unter einer seelischen Belastungssituation stehen (Eltern in Zerwürfnis, geliebte Großmutter gestorben usw.), sowie bei unterbetreuten Kindern. Aber auch bei im übrigen unauffälligen Kindern aus ganz normalen Familienverhältnissen kann ein Kopfwackeln oder Körperwerfen zeitweilig als Schlafzeremoniell beobachtet werden. Es besteht eine gewisse Verwandtschaft zum Daumenlutschen. Beides dient der Selbsttröstung und Einschläferung und trägt ebenso lustbetonten Charakter. Die Kinder leiden daher kaum unter dieser Störung. Jaktationen erweisen sich oft als ein hartnäckiges Symptom. Es erscheint aber fragwürdig, ihnen durch ein großes Aufgebot von meist zwecklosen Heilungsversuchen ungebührliche Beachtung zu schenken. Im Schulalter verschwinden sie meist von selbst und sind bei Jugendlichen und Erwachsenen nurmehr selten anzutreffen.

Nächtliches Aufschrecken

Kinder fahren plötzlich mit einem gellenden Schrei aus dem Schlaf, ohne jedoch völlig bewußtseinsklar zu werden. Sie sitzen dann weinend und duslig im Bett, lassen sich in der Regel aber bald beruhigen und erinnern sich am Morgen kaum an den Vorfall. Das Aufschrecken wiederholt sich selten in derselben Nacht. Pavor nocturnus findet man bei Kindern mit schwacher nervlicher Konstitution und bei solchen, die in einer beschränkenden und/oder autoritären Umgebung leben, die sie übergefügig hält und ihnen wenig Entfaltungsmöglichkeiten beläßt. Das Aufschrecken kann daher als ein Angstsymptom bezeichnet werden. Man hat auch festgestellt, daß es häufig vom Kind verspürte Wegläufer-Tendenzen der Eltern sind – Flucht in den Beruf, in die Gesellschaft, ins Vergnügen –, auf die Kinder mit nächtlichem Aufschrecken reagieren. Daß Kinder feine Antennen haben und auf Dinge reagieren, die den Eltern selbst unbewußt sind, wissen wir alle. Nicht umsonst schlafen sie genau dann nicht ein wie immer, wenn wir ausgehen wollen und vielleicht, ohne es selber zu merken, nervöser sind im Gedanken: klappt's oder klappt's nicht? Dann „klappt" es eben gerade nicht!

Nachtwandeln

Damit bezeichnen wir ein unsicher-ängstliches Umhergehen im Schlaf- oder Dämmerzustand, an welches nach dem Erwachen keine Erinnerung besteht. Das Nachtwandeln findet sich gehäuft bei nervösen, psychisch belasteten, gefühlsmäßig massiv überforderten Kindern, bei solchen, die unter Erwartungs- und Trennungsangst leiden, Angst haben vor einem Leistungsversagen, auch Schreckerlebnisse des Vortages bilden etwa den unmittelbaren Anlaß dazu. Nachtwandeln trifft man hie und da an bei übergewissenhaften Schulanfängern, hauptsächlich Mädchen, die mit ihren Besorgnissen, sie könnten zu spät in die Schule kommen, etwas vergessen oder den künftigen Anforderungen nicht gewachsen sein, die ganze Familie tyrannisieren.

Abschließend einige allgemeinerzieherische Hinweise, wie kindlichen Schlafstörungen vorgebeugt werden kann:

● **Kinder sollen an einen für sie ausreichenden Schlaf gewöhnt werden.** Was als ausreichend zu gelten hat, ist abhängig vom Alter und von verschiedenen individuellen Besonderheiten des Kindes. Zu beachten ist, daß das Schlafbedürfnis im Verlauf der kindlichen Entwicklung stark abnimmt. Während die meisten Kleinkinder ohne Mittagsschlaf noch nicht durchkommen, gibt es bereits hier Ausnahmen, die tagsüber nicht mehr zum Schlafen zu bewegen sind. Ein Zwang in dieser Richtung macht sie quengelig; ein ruhiges Alleinspiel im Zimmer dagegen ist in diesen Fällen angemessener. Für das jüngere Schulkind kann eine Schlafdauer von 11 Stunden, für das ältere eine solche von 9 Stunden als Norm gelten. Das Schlafbedürfnis des Schulkindes darf also auch nicht überschätzt werden; es gilt nicht ein Maximum, sondern das (individuelle!) Optimum anzustreben.

● **Für Kleinkinder ist die Einhaltung eines bestimmten Schlafzeremoniells wichtig.**
Die Eltern sollten sich Zeit nehmen dazu, für das Zubettgehen eine ruhig-entspannte Atmosphäre zu schaffen. Singen, Musizieren, eine Platte anhören, eine Geschichte, ein Gespräch über die Tagesereignisse, ein beruhigendes Spiel mit dem Wasser in der Badewanne; alle diese Kleinigkeiten sind für ein Kind von großem gefühlsmäßigen Wert.

● **Keinesfalls sollte das Schlafen mit einem negativen Stempel versehen werden,** zum Beispiel dadurch, daß man es als Strafe benutzt. Auch sollte man Kinder sich nicht in den Schlaf weinen lassen, zerworfen mit sich und ihrer Welt. Mindestens am Abend muß wieder ein allseitiger Friede geschlossen werden.

● **Die Kinder sollten schließlich so weit als möglich ihrem individuellen Schlafrhythmus folgen können.** Dabei gilt es, die im Verlaufe der kindlichen Entwicklung sich vollziehende Verschiebung des Nachtschlafes in die Morgenstunden hinein zu beachten. Das Kleinkind ist ein Abendschläfer, das Schulkind ein Morgenschläfer. Daher wird von ärztlicher Seite der frühe Schulbeginn oft als unphysiologisch abgelehnt.

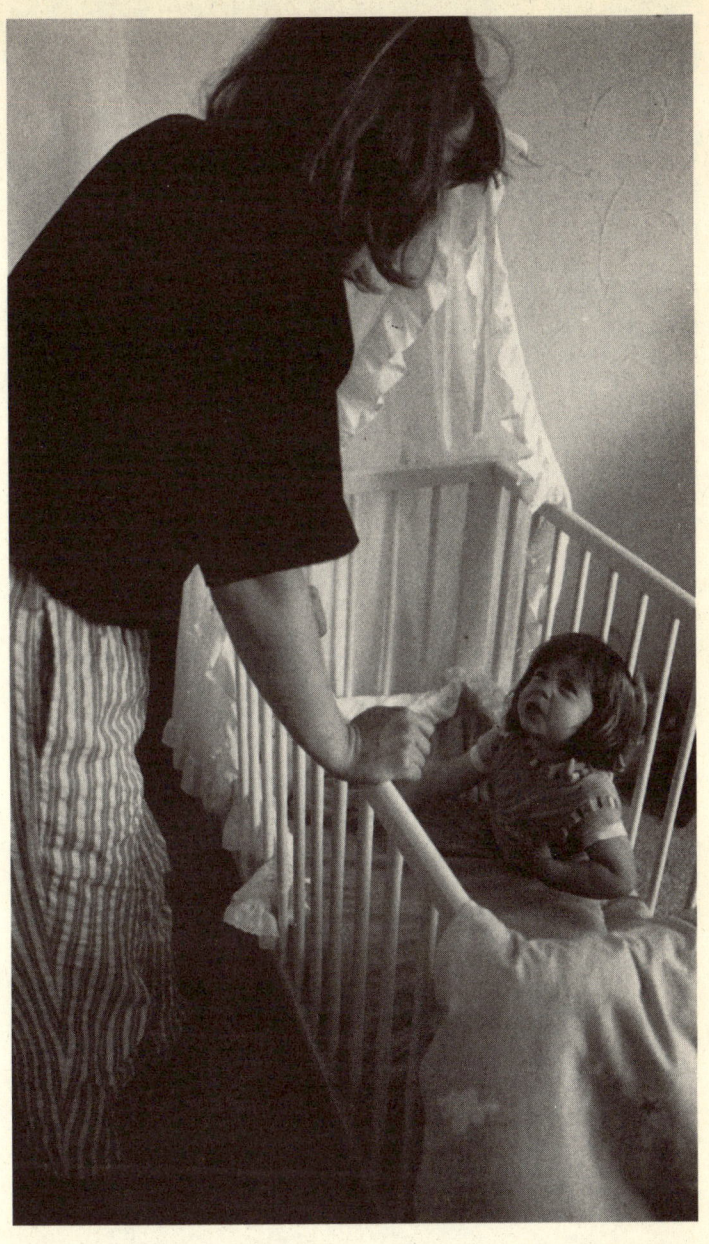

Schlechte Gewohnheiten

Was Eltern als „schlechte Gewohnheiten" bezeichnen, nennt die pädagogische Fachsprache „autoerotische Manipulationen". Gemeint sind in beiden Fällen Körperreizungen, durch die sich Kinder mehr oder weniger bewußt Lustgefühle verschaffen.

● **Das Daumenlutschen** ist eine allgemein verbreitete und normale Art der „mündlichen" Triebbefriedigung des Säuglings. Im Kindergartenalter und später kann das Daumenlutschen bei Ermüdung, passivem Trotz oder Langeweile auftreten. Als Signal eines seelischen Konfliktes ist es meist verbunden mit Auffälligkeiten wie Verträumtheit, Kontaktgehemmtheit, Vertrotztheit, depressiver Verstimmung und verlangt (abgesehen von der Gefahr einer Kieferdeformation bei massiver Übertreibung!) besondere Aufmerksamkeit. Es ist wichtig, dem Kind nicht nur das Lutschen abgewöhnen zu wollen, sondern den möglichen Ursachen, einer Enttäuschung, einer echten oder vermeintlichen Zurücksetzung, der Überforderung, einer Einsamkeit, beizukommen. Äußerliche Maßnahmen wie Handschuhe anziehen, Daumen mit Tinktur bestreichen usw. können als zusätzliche Abgewöhnmittel und Merkhilfen gelten.

● **Das Nägelknabbern** tritt in ähnlichen Zusammenhängen auf wie das Daumenlutschen, ist aber außerdem durch eine gegen sich selbst gerichtete Aggressivität geprägt: die Nägel werden so tief abgefressen, daß, wie auch beim Nagelhautzupfen, ein schmerzhaft-wollüstiges Gefühl entsteht. Kalkmangel, der noch häufig als Ursache gilt, spielt eine ganz untergeordnete Rolle. Wer Nägel kaut, leidet an seelischer Verspanntheit, unterdrückter Aggressivität und Verbissenheit.

● Außer dem Mund werden auch andere Schleimhautstellen zur Lustgewinnung benutzt. So kann zum Beispiel auch das **Nasebohren** zu einer störenden Gewohnheit werden.

● Beim **Wetzen oder Herumrutschen**, zum Teil verbunden mit Stuhl- und Harnverhaltung, wird der körperliche Kitzel besonders lustvoll erlebt. Einen ersten Anlaß dazu bilden freilich oft unge-

nügende Hygiene, Entzündungen oder Würmer. Im Zweifelsfall sprechen Sie mit dem Kinderarzt. Auch Juckreize, wie sie beim Abheilen von Wunden auftreten, sind oft Anlaß zu ständigem Kratzen und Scheuern. Gesucht wird das dem Schmerz beigemischte Wollustgefühl.
● Die erhöhte Sensibilität der Fingerspitzen kann auch zur Befriedigung autoerotischer Bedürfnisse und zur Minderung psychischer Spannungen verhelfen. Denken Sie nur ans **Kleiderzupfen und Knöpfedrehen.**
● Hingegen beobachtet man das **Haaredrehen und -zupfen** vorübergehend bei Kleinkindern. In Extremfällen kann es bis zur Glatzenbildung führen. Diese Ersatzbefriedigung findet sich gelegentlich bei ängstlich-verspannten, mit ihren Zärtlichkeitsbedürfnissen abgewiesenen Kindern.
● Manche provozieren lustvolle Körpergefühle durch Muskelanspannung oder Atemanhalten. Das vor allem Lehrern bekannte, oft epidemisch um sich greifende unterdrückte **Kichern und Pusten** in Schulklassen (häufig bei Mädchen in der Vorpubertät) ist in diesen Zusammenhang zu stellen. Kluge Lehrer wissen, daß die Aufforderung zu befreiendem Herauslachen solchen Störungen besser beikommt als unterdrückende und nicht befolgbare Ruhebefehle.
● Am bekanntesten und für viele Erzieher immer noch am erschreckendsten ist die **Masturbation.** Sie gehört durchaus in dieses Kapitel. Die Zeit liegt noch nicht lange zurück, da man diese Selbstbefriedigung als „Selbstbefleckung" und schändlichste aller Jugendsünden betrachtete und als „Lohn" dafür Gehirnerweichung, Schwindsucht, Charakterdeformation verhieß. Vereinzelte Spielereien mit den Genitalien sind schon im Säuglings- und Kleinkindalter zu beobachten. Sie sollten nicht dramatisiert werden. In Extremfällen ist abzuklären, ob vielleicht äußere Reizungen (Harnröhrenkatarrh, Phimose) das Scheuern bedingen. Als psychische Ursachen fallen in Betracht: Langeweile, Verlassenheitsgefühl, Bewegungsmangel, depressive Verstimmungen und ähnliche Mißstimmigkeiten im Lebensbereich des Kindes, die es in erster Linie zu beheben gilt. Auch bei wechselseitigen Spielereien im Kindesalter ist Panik fehl am Platz. Wichtiger sind eine

altersgemäße Aufklärung und eine angemessene Befriedigung der kindlichen Bedürfnisse in den nichtsexuellen Interessengebieten.

Im Jugendalter ist Masturbation besonders unter Burschen als Ersatzbefriedigung weit verbreitet. Manche Psychologen vertreten die Auffassung, es sei eine normale Art, Sexualspannungen zu mindern. Vom erzieherischen Standpunkt aus aber scheint es doch zu simpel, Masturbation einfach geschehen zu lassen, nur weil sie nicht schadet. Man prellt damit den Jugendlichen um die Gelegenheit, sich aktiv mit seinen triebhaften Bedürfnissen auseinanderzusetzen und sie beherrschen zu lernen – nicht im Sinne einer Unterdrückung, sondern einer Steuerung. Der Sexualtrieb soll nicht nur befriedigt, sondern auch – im Interesse des Partners und der Gesellschaft – befriedet werden. Wer seinen Triebbedürfnissen keinerlei Befriedigung ermöglichen kann, ist unfrei. Unfrei ist aber auch, wer diesen Bedürfnissen ausgeliefert ist, weil er nie gelernt hat, sie zu meistern.

Schlechte Gewohnheiten haben vielfach phasenhaften Charakter. Sie tauchen auf und verschwinden wieder, ohne daß man etwas dagegen tut. Dramatisieren Sie nicht, machen Sie nicht aus einer Mücke einen Elefanten. Wo diese Verhaltensweisen aber massiv auftreten, so, daß das Kind darunter leidet, sollte man sie gründlich abklären.

Schulreife

Die Schulpflicht gibt es seit bald 200 Jahren. Seither muß sich jedes Kind als Schüler bewähren. Wo es keine Schulpflicht gibt, gibt es auch kein Schulversagen, sie bedingen einander.

Die Frage nach der Schulreife, nach dem, was das Kind reif, matur macht, ist nicht ganz richtig gestellt. Es geht ja nicht allein um einen Naturprozeß, und das Kind ist kein Apfel, der reift und vom Baum fällt. Das Kind muß verschiedene Fähigkeiten unter Beweis stellen und kulturell vorgegebene Erwartungen erfüllen.

Was ein Kind schließlich schulreif macht, muß es in seinen ersten sieben Lebensjahren, d. h. im Lauf seiner bisherigen Biographie erwerben.

Zur individuellen **Abklärung** empfiehlt es sich, schulpsychologischen Rat in Anspruch zu nehmen. In der sogenannten Schulreife-Abklärung, welche zum Teil auch durch die Kindergärtnerin in Zusammenarbeit mit dem Schulpsychologischen Dienst erfolgt, geht es keineswegs darum, schon Schulwissen abzufragen. Es wäre daher sinnlos, dem Kind „vorsorglich" Elemente des Schreibens und Lesens beizubringen. Die Schulfähigkeit wird getestet u. a. durch spielerische Aufgaben wie Zeichnen, Farben-Unterscheiden, Mengenbegriffe, Nacherzählen etc. Schulreifeprüfungen machen Kindern in der Regel Spaß. Eltern sollten ruhig darauf bestehen, Einblicke zu bekommen in diese Abläufe. Was geheim bleibt, kommt einem immer verdächtig vor.

Mangelnde Schulfähigkeit

Schulreifetests und Schulanfang decken gelegentlich aber auch eine mangelnde Schulfähigkeit auf. Es handelt sich um Kinder, die bei normaler Intelligenz in ihrer Charakterstruktur so viele kleinkindhafte Züge aufweisen, daß ihr Schulerfolg in Frage gestellt werden muß.

- **Geringe geistige Interessen** bei starkem Verhaftetsein an die Phantasie-, Märchen- und Spielwelt des Kindergartenkindes.
- **Mangelndes Aufgabenverständnis.** Sie spüren den Aufforderungscharakter einer Aufgabe nicht und können verpflichtende Arbeit und unverpflichtendes Spiel nicht voneinander unterscheiden.
- **Unsachlichkeit.** Sie können ihre momentanen Zustände nicht kontrollieren. Unsachgemäße Einfälle und frei aufsteigende Assoziationen machen sich immer wieder störend bemerkbar.
- **Unbeholfenheit.** Die Kinder kommen nicht zu Rande mit sich selbst und wissen sich nicht zu helfen. Andere sind zappelig-unstet.

- **Kleiner Spannungsbogen der Aufmerksamkeit.** Die Aufmerksamkeit ist vorwiegend willkürlich. Aufgaben werden nicht zielgerichtet und konsequent über längere Zeit verfolgt. Vieles bleibt unfertig liegen.
- **Mangelnde Ausdauer,** innere und äußere Ablenkbarkeit. Sie verlieren sich oft in Tändelei oder ermüden rasch.
- **Mangelndes Zurückhaltungsvermögen.** Spontanes unüberlegtes Vorprellen, naives Zugreifen, Distanzlosigkeit burschikoser oder sentimentaler Art wirken leistungsmindernd und führen zu Konflikten mit anderen Kindern und mit Erwachsenen.
- **Mangelndes Gruppenbewußtsein.** Manche Kinder sind zwar in der Einzelsituation gut ansprechbar, und sie stellen ihre grundsätzlich normale intellektuelle Leistungsfähigkeit unter Beweis, zeigen aber anderseits, daß ihr „Wir"-Bewußtsein noch nicht da ist; sie können nicht aufmerksam zuhören, wenn die Klasse als Ganzes angesprochen wird, sondern brauchen, wie das Kleinkind, wiederholtes, persönlich an sie gerichtete Aufforderungen.

Wird mangelhafte Schulfähigkeit festgestellt (immer bezogen auf die bestehenden Schulverhältnisse, Kinder müssen ja reif sein für ein bestimmtes System!), lassen sich verschiedene Möglichkeiten überlegen.

- **Rückstellung?** Eine Rückstellung ist allenfalls angebracht bei Kindern, die ganz allgemein, auch körperlich, noch kleinkindhafte Züge aufweisen. Desgleichen bei jungen Kindern, die zeitlich nur knapp schulpflichtig sind. Rückstellung im Klartext: ein weiteres Kindergartenjahr.
- **Einführungsklasse?** In verschiedenen Regionen gibt es sogenannte Einführungsklassen, d. h. Klassen, in denen der Schulstoff des 1. Schuljahres auf zwei Jahre verteilt wird. Einführungsklassen sind kleinere Klassen mit individuellerem Unterricht, der auch noch Elemente des Kindergartens beibehält. Einführungsklassen ermöglichen dem Kind einen flacheren Schulstart, ohne es bereits allen damit verbundenen Anforderungen auszusetzen. Eltern sollten Einführungsklassen als erleichterten Einstieg sehen und nicht als Hinweis auf Anomalien oder Präludium für eine ganze Schulzeit in Sonderschulen.
- **Forcieren – trotzdem?** Wer sich zum Schuleintritt trotz negati-

ver Vorzeichen entschließt, sollte auf eine intensive Zusammenarbeit zwischen Schule und Elternhaus abstellen können. Es ist durchaus möglich, daß auch ein fraglich schulreifes Kind, je nach Schulverhältnissen, reüssiert. Kinder sind immer für eine Überraschung gut. Das eine wird durch hohe Anforderungen angespornt, das andere gedämpft. Ein forcierter Schuleintritt muß immer (auch dem Kind gegenüber!) als Versuch deklariert werden und Versuchscharakter behalten. Dann wird es auch nicht als existentielle Katastrophe empfunden, wenn der Versuch abgebrochen und eine andere Lösung gesucht werden muß.

Muß ein Kind zurückversetzt werden, macht sich ein großer Mangel unseres Schulsystems bemerkbar: wir manövrieren nur Schuljahre, nicht Schulsemester (wie an der Universität), und ein Jahr ist lang im Leben eines Kindes. Halbjährlicher Klassenanfang würde individuellere und flexiblere Lösungen ermöglichen.

Normalerweise ist es nicht günstig, eine 1. Klasse zu wiederholen. Repetitionen im 2. Schuljahr sind empfehlenswerter, weil dann das Kind nach einem „Schülerjahr" nicht wieder mit Kindergärtlern und für sein Erleben quasi „bei Null" anfangen muß.

Schulversäumen, Weglaufen

Beides gehört unter den Oberbegriff der sogenannten Kohärenzstörungen. Mit Kohärenz bezeichnen wir die Beziehung des Ich zur Umwelt, seine Verbundenheit mit der Außenwelt. Sie äußert sich objektiv in einer gewissen Stabilität und bestimmten örtlichen und personalen Bevorzugungen, subjektiv in einem Zugehörigkeits- und Zusammengehörigkeitsgefühl.

Die Störung dieser Ich-Beziehung zur Umwelt kann zum Beispiel dadurch zum Ausdruck kommen, daß ein Mensch sich vorübergehend nicht auf einen Bestimmungsort ausrichten kann oder will, der normalerweise bedeutungsvoll sein sollte für ihn. Vielleicht läßt er sogar dauernd etwas wie Heimatgefühl oder Verwurzelung vermissen. Wir unterscheiden drei Formen:

- **die Flucht,** ein Ausreißen oder Weglaufen aus einer bestimmten vorgegebenen Um- und Mitwelt;
- **das Meiden** verpflichtender Sozialbereiche im Schulverweigern und -versäumen;
- **unmotiviertes, richtungsloses Sich-Treiben-Lassen** oder Getriebensein.

Die Flucht, das Weglaufen zeigt sich in der Regel als primitive Reaktion aus einem unklaren, gespannten Gemütszustand und dient sozusagen als Entladung. In bestimmten Fällen kann es sich freilich auch um eine sorgfältig und von langer Hand geplante Flucht handeln. Das Fortlaufen kann Ausdruck eines Protests sein gegen das bestimmende Milieu, aus dem abrupt ausgebrochen wird. Bei Kindern stellt sich die Flucht häufig als Angstreaktion dar, als Furcht vor Strafe. Bei Jugendlichen spielen pubertätsbedingte Triebfedern, wie Fernweh, Abenteuerlust, Erlebnisdrang, Selbstbestimmungswünsche, eine zentrale Rolle. Am Fortlaufen aus dem Ferienheim, dem Institut kann antürlich auch Heimweh schuld sein.

Bei den Vermeidungsreaktionen sind das Schulverweigern und -versäumen am bekanntesten.

Als Schulverweigerer bezeichnen wir Kinder, die sich gegen den Schulbesuch auflehnen – und zwar häufiger versteckt, durch diverse seelisch bedingte Beschwerden, als offen und gradheraus. Obwohl eine Schulangst mitunter eine Rolle spielen kann, liegen die Gründe für das Schulverweigern meist nicht in der Schule selbst. Hauptursachen bilden Trennungsängste, häusliche Konflikte, elterliche Riesenerwartungen bezüglich Schulerfolg und natürlich andere außerschulische Faktoren. Die Schule selber ist nur Auslöser, nur Reizfaktor. Die Kinder sind deshalb nur zum kleinsten Teil schulnegativ eingestellt, sondern sie benutzen die Schule als Projektionsfeld ihrer persönlichen Konflikte und Schwierigkeiten. Etwa die Hälfte befinden sich in einer depressiven Verstimmung, die meisten leiden an psychosomatischen Störungen wie unklaren Leibschmerzen, Durchfall, Appetitlosigkeit, Halsentzündungen usw. Aus diesen Störungen ergeben sich viele Schulabsenzen und oft langwierige ärztliche Behandlungen auf falscher Ebene. Absichtlich die Schule versäumen und Schulverweigern sind nicht das gleiche! Diejenigen, die gezielt die Schule versäumen, leiden häufig, wenn auch nicht durchweg, an einem echten Schulkonflikt. Aufgrund eines Leistungsversagens und/ oder gestörter Sozialbeziehungen nehmen sie eine schulnegative Haltung ein.

Das zeitweilige Sich-Verlieren beobachten wir nicht nur bei Kleinkindern, sondern auch bei älteren, aber retardierten Kindern, bei sogenannten Spätentwicklern. Was äußerlich zunächst wie ein absichtliches Schulversäumen aussieht, erweist sich bei näherem Zusehen oft als ein verlorenes Sich-Hingeben an irgendwelche Außenreize. So trifft das Kind vielleicht ein Hündlein an, spielt mit ihm oder guckt auf dem Schulweg sich vergessend in das Spielwaren-Schaufenster ... Reize also, ob welchen das Kind mitunter seine Verpflichtung (nicht nur pünktliches Eintreffen in der Schule, auch Kommissionen, Briefeinwerfen usw.) völlig vergißt und zuweilen sogar seine raum-zeitliche Orientierung verliert.

Auch wiederholtes Fortlaufen ist keine chronische Angelegenheit. Fortlaufen ist ja eine Reaktion, geschieht, wie gesagt, aus ganz bestimmten Situationen heraus, sein Grund ist klar ersichtlich und psychologisch oft sogar verständlich. Das Streunen hingegen muß als Symptom einer chronischen Schwäche der Umweltbeziehung gelten. (Verwechseln Sie das aber nicht mit dem harmlosen und normalen „Streunen" von Bubengruppen!) Zwar können auch beim Streunen Ursachen, zum Beispiel Verwahrlosung, Fehlerziehung, gelegentlich nachgewiesen werden, aber keine akuten Motive. Zum Weglaufen hat man also – zumindest vom Kind aus gesehen – einen Grund, zum Streunen nicht. Die Übergänge vom Streunen zur Vagabondage, in welcher das Streunen quasi zur Lebensform wird, sind fließend. Während der neurotische Fortläufer oft wegläuft, um sich im Grunde genommen suchen und finden zu lassen und sich daher nicht selten in der Nähe seines angestammten Milieus versteckt hält, ist beim Vagabunden das Spannungsverhältnis von Bindung und Loslösung aufgehoben und die Heimatlosigkeit vielleicht gar zu einem Lebensprinzip erhoben worden.

Daß solche Störungen nicht identisch sein müssen mit einer

Kontaktschwäche, beweisen die verschiedenen meist zeitlich beschränkten und weitgehend im Normalbereich liegenden Formen des romantischen Wanderns und Schweifens, das Fahrtenlebens und Trampens zur Zeit der Jugendbewegung sowie der Gammler und Easy Rider der Sechzigerjahre und der jugendlichen Interrail-Kunden der Gegenwart. Der Loslösung aus einer bestimmten Gesellschaft steht hier oft eine intensive Bindung an Gleichgesinnte und Gleichgestimmte gegenüber. Allerdings finden wir auch hier fließende Übergänge zum Streunen und zur Vagabondage, wobei dies heute auch Elemente des normalen Lebensstils sein können.

Der Überblick zeigt, daß das Symptom Fortlaufen, Meiden, Verweigern vieldeutig ist und in verschiedenen Zusammenhängen auftaucht. Generelle Regeln, wie einem Kind erzieherisch zu begegnen sei, lassen sich daher nicht aufstellen. Von zentraler Bedeutung ist jedenfalls die Abklärung der Motivationslage, das heißt herauszufinden, warum?

Von ebenso zentraler Bedeutung ist aber, daß der Erzieher nicht sich selbst flüchtet, zum Beispiel in Straf- oder Einsperrungsmaßnahmen hinein, oder krankhafte Besitzansprüche durchzusetzen versucht. Wir müssen uns darum bemühen, daß da, wo der Erzieher ist, wo wir Eltern uns befinden, für das Kind ein Ort der Geborgenheit entstehen kann. Dazu gehört auch, daß man einen jungen Menschen zeitig und stufenweise aus seiner Obhut entläßt.

Erinnern Sie sich an Ihre Kinderzeit? Daran, daß Sie manchmal versuchten, Wasser aus der hohlen Hand zu trinken? In der hohlen Hand blieb das Wasser ruhen – wollte man's aber einschließen, sozusagen mit der Faust festhalten, rann es durch die Finger weg. Ein Gleichnis – aber man sollte es im Sinn behalten, denn es ist auch mit den Kindern so. Je mehr wir uns bemühen, sie festzuhalten, um so energischer drängen sie von uns weg. Daß das nicht nur für die Liebe der Eltern zum Kind gilt, sondern auch für die Liebe zwischen Mann und Frau, wissen Sie so gut wie wir.

Selbstmordversuche und Selbsttötung

Das Christentum betrachtete den Suizid fast durchwegs als verwerfliche Tat, und wenngleich man heute im allgemeinen mildernde Umstände gelten läßt und sich um ein psychologisches Verständnis bemüht, wird doch die Haltung dem sogenannten Selbstmörder gegenüber noch stark von negativen Affekten bestimmt. Auch wenn ein Suizidant nicht mehr durchwegs als frevlerisch bezeichnet wird und man ihm die landesübliche Bestattung kaum mehr verweigert, neigt man doch stark dazu, ihn als krankhaft und abnorm einzustufen. Eine Selbsttötung gar in der „glücklichen Kindheit", der „frohen Jugendzeit" scheint besonders abwegig zu sein. Doch stellt die Selbsttötung in der Gruppe der 15- bis 25jährigen die zweithäufigste Todesursache dar (häufigste ist der Unfall). Dabei ist es durchaus nicht so, daß die Suizidquote in Gesellschaften, die in Not und Entbehrung leben, am höchsten sind.

Im Gegenteil. Entscheidend ist die Qualität der sozialen Einbindung und die Orientierung bezüglich des Lebenssinns.

Während es sich bei der Selbsttötung um eine entschlossene Abkehr vom Leben handelt, um eine gezielte, oft lange und detailliert vorbereitete Tat, hat der Selbsttötungsversuch anderen Charakter: besonders die Suizidversuche Jugendlicher sind als ein letzter, verzweifelter Appell an die Mitmenschen, d. h. eigentlich als eine Zuwendung zur menschlichen Gemeinschaft, zu betrachten. Obwohl derartigen Selbsttötungsversuchen, denen nicht selten entsprechende Phantasien und Drohungen vorangehen, von außen gesehen etwas Theatralisches anhaftet, sind sie unbedingt ernst zu nehmen als ein Alarmzeichen großer innerer Not.

Selbsttötung und Selbsttötungsversuche sind kaum je eine bloße Reaktion auf ein einmaliges Ereignis, einen Tadel, eine nicht bestandene Prüfung. In der Vorgeschichte dazu ergibt sich im Gegenteil meist ein durch verschiedene Ursachen in Gang gesetzter schleichender Verlauf einer Kontaktstörung. Kontaktstörungen sind deshalb durchaus ernst zu nehmende Symptome, denn gerade vor allem das beengende Gefühl des Unverstandenseins, des Alleinseins, des Minderwertig- und Überflüssigseins kann sensible Menschen dazu führen, ihrem Leben ein Ende setzen zu wollen. Auch der Wunsch, einem geliebten Menschen in den Tod zu folgen, findet sich etwa als Motiv. Suizidhandlungen enthalten aber auch eine aggressive Komponente und haben nicht selten den Charakter eines Racheaktes gegenüber einer enttäuschenden, lieblos-abweisenden Mitwelt.

Bekanntlich hängen junge Menschen in der Pubertätszeit oft Suizidphantasien nach, in denen sie in einer eigenartigen Ich-Spaltung in Gedanken an ihrer eigenen Bestattung teilnehmen und sich in selbstquälerisch-lustvoller Weise die Trauerreaktionen ihrer Angehörigen vorzustellen versuchen. Die bange Frage „Was und wieviel bin ich den anderen wert?" steht dabei im Zentrum. Das bedeutet praktisch, daß man seinen heranwachsenden Kindern dieses Wertgefühl, das Wissen darum, wieviel sie einem bedeuten, nicht vorenthalten darf. Auch wenn – oder gerade wenn – sie sich den Eltern gegenüber oft abweisend benehmen, haben sie unsere Anteilnahme, unser Interesse besonders nötig.

Die Beobachtung, daß in gewissen Fällen gehäuft Selbsttötungen und Selbsttötungsversuche auftreten, führt zur Frage, ob allenfalls ein Erbfaktor eine Rolle spielen könnte. Das trifft nur sehr bedingt zu. Möglicherweise kann eine gewisse „depressive Veranlagung" vorliegen, die jedoch in keinem direkten Verhältnis stehen muß zum Phänomen der Selbsttötung. Bedeutungsvoller ist hingegen die Vorbildwirkung, die ein Suizid eines nahestehenden Menschen auf labile Jugendliche hat. Tatsächlich findet man in der näheren Umgebung von Jugendlichen, die einen Selbsttötungsversuch unternehmen, häufig resignierte, enttäuschte, entwurzelte, verbitterte Erwachsene, die unter Umständen selbst schon mit dem Gedanken spielten, ihr Leben wegzuwerfen, und die sich in diesem Sinn auch ihren Kindern gegenüber äußerten.

Kinder und Jugendliche, welche einen Selbsttötungsversuch anstellten, gehören also keinesfalls gescholten oder gar bestraft. Beschuldigungen können unmittelbar Anlaß zu weiteren Versuchen sein. Angezeigt ist vielmehr eine psychologische Untersuchung der Lebenssituation des betreffenden Kindes, welcher allenfalls eine Behandlung des Kindes und die Behebung von Notständen, Konflikten, Streßsituationen in seiner Familie zu folgen haben.

Ein lebensmüdes Kind ist auf jeden Fall ein gefährdetes Kind. Suiziddrohungen dürfen auch nicht leichthin abgetan werden mit der Bemerkung, wer stets mit der Drohung, sich umzubringen, hausiere, dem fehle letztlich eben doch der Mut zur Tat und er wolle sich damit nur wichtig machen.

Was vermag nun aber umgekehrt einem Kind oder einem Jugendlichen sein Eigenwertgefühl zu bewahren? Wir meinen, es sind folgende Gewißheiten, die wir unserem Kind zukommen lassen sollten:

- **Ich bin nicht allein mit meinem Leid** und meinen Kümmernissen; auch andere leiden und sorgen sich und versuchen trotzdem ihren Weg zu gehen.
- **Ich habe einen Ort,** an dem ich vorbehaltlos bejaht werde – trotz und mit meiner Schuld, meinen Fehlern, meinen Unzulänglichkeiten.
- **Ich habe jemanden,** an den ich mich vertrauensvoll wenden kann – ohne in meiner Existenz in Frage gestellt zu werden.
- **Ich werde verstanden** oder mindestens angehört, jemand nimmt sich Zeit für mich.
- **Ich bin jemandem etwas wert,** kann andere vielleicht sogar glücklicher machen.
- **Ich kann etwas leisten,** jemanden zufriedenstellen.
- **Ich werde vielleicht sogar benötigt;** ich habe einen Auftrag zu erfüllen.
- **Ich kann Freude finden.**

Sexuelle Fehlformen

Unter sexuellen Fehlformen verstehen wir alle unerwünschten sexuellen Verhaltensformen *von* Kindern und Jugendlichen, aber auch Kindern und Jugendlichen *gegenüber*. Was „unerwünscht" ist, bestimmen kulturelle und individuelle Normen. Der gesetzli-

che Sprachgebrauch macht es uns auch nicht einfach: Natürlich ... widernatürlich ... widernatürliche Unzucht ... (was wäre dann natürliche Unzucht? oder widernatürliche Zucht?).

Die letzten Jahrhunderte zeigen eine starke Entwicklung hin zu Privatnormen und eine zunehmende Privatisierung des sexuellen Verhaltens. Das hat uns zwar viel individuelle Freiheit gebracht (im Bereich empfängnisverhütender Maßnahmen z. B.), aber die Anforderungen an unsere persönliche Verantwortung sind damit gewachsen. Wie erwachsene Menschen in gegenseitiger Freiheit und Wertschätzung und ohne Drittpersonen zu schädigen ihre sexuelle Befriedigung finden, ist heute ihre eigene Sache. Die Verantwortung liegt, anders als früher, beim DU und ICH. Normen und Gesetze kümmern sich weniger um die „Volksmoral", als um den Schutz der Freiheit der Partner und den Schutz Mitbeteiligter, auch der ungeborenen Kinder.

Das „Sexualproblem", wie man es aus dem Erwachsenenbereich kennt, hat wohl in den weitaus meisten Fällen seine Wurzeln oder wesentliche Entstehungsbedingungen in der Kindheit, manifestiert sich aber selten schon im Kindesalter. Kindliche sexuelle Fehlformen haben meist episodenhaften Charakter, z. B. sexuelle Spielereien, Experimente etc., und müssen immer aus dem sozialen Beziehungsfeld und der aktuellen Stimmungslage heraus interpretiert werden.

Im Laufe ihrer Entwicklung lernen Kinder nicht nur z. B. Lesen und Schreiben. Sie lernen auch, wie man mit Gefühlen umgeht, mit Stimmungen, mit Sachen und Personen, und wie man sich selber zu anderen ins Verhältnis setzt. Verfehlungen, die einem Kind „unterlaufen", sind deshalb nicht bloß moralisch zu qualifizieren. Wir müssen darüber hinaus psychologisch fragen und entscheiden: Was hat das Kind gelernt? falsch gelernt? nicht gelernt?, daß es ein so störendes Verhalten an den Tag legt.

Sittlichkeit, Moralität, sind nicht Eigenschaften, die das Kind hat oder nicht hat. Sie gehören zum dicken Bündel und Fähigkeiten, die es erwerben muß. Erwerben. Üben. Bestätigen. Dabei spielt das Modellverhalten der Menschen in der näheren Umgebung des Kindes die entscheidende Rolle. Nur das setzt Maßstäbe, was gelebt und realisiert wird – nicht, was man nur sagt.

Die sexuelle Problematik im Kindesalter widerspiegelt also die der erwachsenen Bezugspersonen. Kindliche sexuelle Störungen und kindliches sexuelles Fehlverhalten können nicht unmittelbar aus der Person des Kindes heraus erklärt werden. Es ist häufig Symptomträger sexueller und sozialer Spannungsverhältnisse in seiner näheren Umgebung. Darum sind Auffälligkeiten, die die Kinder zeigen (Spielereien, unflätige Wörter, Entkleidungsszenen) im Rahmen „Warum und wozu?" zu sehen. Nicht von Fehlern reden, sondern nach dem Fehlenden suchen! Statt unerwünschtes Verhalten nur abzuklemmen, der Frage nachgehen: Was fehlt diesem Kind?

Kinder sind nun freilich häufiger Opfer sexuellen Fehlverhaltens von Erwachsenen, als daß sie selber Täter wären. Vor solchen Übergriffen können wir sie nur bedingt schützen. Es bleibt immer ein Stück Schicksal im Leben des einzelnen.

Bedingt schützen kann man sie zum Beispiel durch das, was wir „sexuelle Aufklärung" nennen. Aber wichtiger als dieses „Bienenwissen" ist eine *éducation sentimentale*. Sie besteht zum Beispiel darin, daß das Kind die Erfahrung macht, daß es seine Gefühle und Stimmungen wahrnehmen darf, im wörtlichen Sinn, als ein Für-wahr-nehmen, und daß ihm Gefühle und Stimmungen nicht durch Erwachsenen lächerlich gemacht, verspottet, nicht ernstgenommen werden.

1. Das Kind darf in seinen Wahr-Nehmungen nicht zerstört werden, denn auf der Gefühlsebene und für sich selbst hat der Mensch immer recht. Eltern haben also zu akzeptieren, daß für ihr Kind etwas „so" ist – auch wenn sie es anders sehen und empfinden.

2. Wenn auch Erwachsene sich über ihre Gefühle äußern, zeigen sie dem Kind, daß ihnen seine inneren Zustände nicht fremd sind, daß auch sie mit Ängsten, mit Fröhlichkeit, mit Stimmungen und Ver-Stimmungen umgehen müssen. Anlässe und Personen sind zwar verschieden, die Qualität der Gefühle ist die gleiche.

3. Daß Gefühle nicht unterdrückt und negiert werden und man über alles reden kann, führt zwar gelegentlich zu Streit und zu Auseinandersetzungen, aber keineswegs zwangsläufig zum Ab-

bruch von Beziehungen. Ein Kind, das solche Auseinandersetzungen in seiner Umgebung erlebt, weiß: ich kann über alles reden, auch, wenn ich nicht verstanden werde. Ich muß nicht jederzeit mit allem und allen im Einvernehmen sein.

Ein Kind, das gelernt hat, über seine Wahrnehmungen zu sprechen, kann auch darüber reden, wenn es sich körperlich bedrängt fühlt. Es vertraut so auf seine Gefühle, auf seine Leiblichkeit, auf seine Körpersprache, daß es spüren kann: da stimmt etwas nicht, da kommt mir jemand zu nahe, mir ist unheimlich.

Sexuelle Übergriffe kommen ja selten vom nackten Mann im Wald, sondern meist aus dem näheren Bekannten- und Beziehungskreis. Sagen wir also nicht: man/frau geht nicht allein in den Wald. Sagen wir: Entwickeln wir eine feinere Registratur für das, was wir uns und anderen zutrauen können. Wir wollen lernen, eine freundschaftliche Geste von einer zu weit gehenden Berührung zu unterscheiden.

Das ist sexuelle Erziehung: die leise Sprache des Körpers zu entwickeln und ernstzunehmen, im Unterschied zum bloßen: Das darfst du nicht – das ist verboten ...

Kinder müssen zwar lernen, auf das zu hören, was Erwachsene sagen. Aber sie sollen auch lernen, den Erwachsenen zugleich auf die Finger zu schauen und sich in jeder Situation frei zu äußern über das, was ihnen begegnet und was sie beschäftigt. Wer gelernt hat, auf seine Körpersignale zu achten, entwickelt auch Antennen für die Körpersignale der anderen.

P. S. Auch darüber muß man mit Kindern sprechen: daß die Kindermode heute weitgehend der Erwachsenenmode gleicht, oder umgekehrt: Erwachsene tragen Kindermode. Kinder sind durch ihre Kleiderhülle nicht mehr ausgegrenzt wie früher, und es kann darum geschehen, daß ein Kind durch seine Ausstaffierung Signale ausschickt und Reaktionen provoziert, die weder seinem Alter noch seinen Absichten entsprechen. Auch damit umzugehen muß man lernen: Sein und Schein, Absicht und Aussicht aufeinander abzustimmen.

Sinnesschädigungen

Wir wenden uns in diesem Kapitel weniger an die Eltern sinnesgeschädigter Kinder, die ja durch enge Zusammenarbeit mit Heilpädagogen, Behinderteninstitutionen usw. auf die Probleme ihrer Kinder vorbereitet und entsprechend beraten werden. Wir möchten hier den Eltern gesunder Kinder zeigen, was der Ausfall von „Selbstverständlichkeiten", nämlich des Sehens, des Hörens, für die Entwicklung eines Kindes bedeuten kann und wie sie und ihre Familie sich im Umgang mit Sinnesgeschädigten, mit Schwerhörigen und Gehörlosen, mit Sehbehinderten und Blinden richtig verhalten.

Schwerhörigkeit beeinträchtigt vor allem die sprachlich-intellektuelle sowie die soziale Entwicklung des Kindes. Zu einer umfassenden Rehabilitation gehören nicht nur sprachliche, intellektuelle und manuelle Förderung und die Eingliederung ins Berufsleben. Der größte Feind des Schwerhörigen und Gehörlosen ist die Isolation. Praktisch alle charakterlichen Eigenheiten, die ihnen meist zu Unrecht nachgesagt werden, Mißtrauen, Verstocktheit, Übellaunigkeit, Aggressivität usw., erweisen sich bei näherem Zusehen als Reaktion auf eine verständnislose Umwelt, welche die seelische Not dieses Menschen nicht erkannte. Anders gesagt: die charakterlichen Fehlentwicklungen sind keine Folge der Sinnesschädigung, nicht obligatorisch, nicht zwangsläufig, sondern vermeidbar, wenn die Umwelt sich richtig einstellt.

Vom Umgang mit Schwerhörigen und Gehörlosen

- Geduldig zuhören.
- Nicht mit Drittpersonen tuscheln.
- Verlangsamt und deutlich, aber nicht exaltiert oder überlaut sprechen; sich dabei so stellen, daß der schwerhörige Gesprächspartner die Mundbewegungen ablesen kann.
- Gelegenheit geben, Rückfragen zu stellen.

● Den Schwerhörigen nicht aufgrund seiner Unsicherheit und seines fragend-gespannten Ausdrucks, als geistig behindert einzuschätzen.

Wie sehr zum Beispiel eine Geburtstaubheit die psychisch-geistige Entwicklung und das Sozialverhalten in Mitleidenschaft zu ziehen vermag, zeigt die Tatsache, daß man den Taubstummen bis in die Neuzeit hinein als geistig gebrechlich auffaßte und es lange Zeit nicht der Mühe wert fand, sich mit ihm zu beschäftigen.

Vom Umgang mit Sehbehinderten und Blinden

Nicht allein das blinde, sondern auch das sehbehinderte Kind kann die Umwelt nur unzulänglich bewältigen. Sie bleibt ihm „undurchsichtig", fremd, bedrohlich. Ängstlichkeit, Unsicherheit, auch Trotz, Egozentrizität, Aggressivität können die Folge davon sein. Durch die verminderten Nachahmungsmöglichkeiten ist auch die intellektuelle Entwicklung gefährdet. Die undeutliche Gegenstandserfassung führt zu verschwommenen, lückenhaften Vorstellungen und mithin zu Verfälschungen und Mißdeutungen der Umwelt.

Wiewohl häufig die Ansicht vertreten wird, Taubheit trenne von den Menschen, Blindheit von den Dingen, so hat auch der Blinde große Probleme im Umgang mit der Personenwelt zu bewältigen. Daß die geburtsblinde Ursula Burkhard feststellt: „... wenn ich selber unter meiner Blindheit litt, war der Grund dafür nicht der Ausfall des optischen Wahrnehmens, sondern das Verhalten meiner Mitmenschen...", so wird daraus sehr deutlich, welche Rolle unser Verhalten im Zusammenleben mit Sinnesgeschädigten spielt. Wir sollten mit unsern Kindern darüber reden.

Wichtiges PS: Leichteste Formen von Sinnesschädigungen werden häufig übersehen, zum Beispiel Schwerhörigkeit nur im Bereich gewisser Frequenzen, vor allem sehr hoher Töne. Auch Sehschädigungen werden oft weder von Eltern und Lehrern noch vom Kind selber bemerkt, wenn nicht Verhaltensauffälligkeiten, Leistungsstörungen usw. daraus resultieren, die dann schnell

falsch interpretiert werden. Es ist deshalb sehr wichtig, daß man sich immer wieder überlegt: Sieht das Kind gut? Hört es gut? und einen Verdacht unverzüglich abklären läßt.

Sprach- und Sprechstörungen

Trotz der Bilderflut in unserm Alltag sind gesprochene und geschriebene Sprache nach wie vor das wichtigste Verständigungsmittel. Beeinträchtigungen in diesem Bereich stören daher die zwischenmenschliche Kommunikation empfindlich. – Sprachliche Verständigung setzt zwar einen intakten Sprechapparat voraus, ist darüber hinaus jedoch vor allem auf zahlreiche individuelle und soziale Lernprozesse angewiesen. Das Kind benötigt einige Jahre, bis es das gesellschaftsübliche Sprachniveau erreicht hat. Und perfekte Sprachbeherrschung bleibt für die meisten von uns ein kaum erreichbares Ideal.

Sprache und Sprechen sind eine komplexe Angelegenheit und darum auch die diesbezüglichen Störungen. Folgende vereinfachte Gruppierung kann für uns hilfreich sein:
● **Lautbildung** (Artikulation) umfaßt die Gesamtheit der Laute und Lautverbindungen, die in einer bestimmten Sprache eine bedeutungsunterscheidende Funktion haben. Es gibt nun Laute (wie z. B. die Vokale A, E, I, O, U), die leicht, und andere (S, R, z. B.), die schwieriger auszusprechen sind. – Artikulationsmängel (sog. Stammeln) können einzelne, mehrere oder fast alle Konsonanten betreffen, wodurch die Verständlichkeit mehr oder weniger leidet. – Als Faustregel kann gelten: Ein Kind sollte die Sprechlaute bis zum Schuleintritt korrekt bilden können. Ist dies nicht der Fall oder ist im Kleinkindalter eine auffällig nuschelnde Sprechweise festzustellen, so ist eine Logopädin zu Rate zu ziehen. Diese wird darüber befinden können, ob man die Sache sich selbst überlassen kann oder ob eine spezielle Behandlung nötig ist.
● **Redefluß** (Rhythmus) bezieht sich auf die sinngemäße rhythmische und melodische Gestaltung des Sprechablaufs. – Redefluß-

störungen sind durch eine stockende, mit Laut- und Silbenwiederholungen durchsetzte Redeweise (Stottern) oder durch ein hastig überstürztes Sprechen (Poltern) gekennzeichnet. – Psychische und familiäre Ursachen spielen eine Hauptrolle. – Die Logopädin wird im konkreten Fall sagen können, wie weit sprechtherapeutische, eventuell auch psychotherapeutische Maßnahmen notwendig sind und wie mit dem Kind im häuslichen Kreis umzugehen ist. Im allgemeinen ist es wenig hilfreich, einen Stotterer auf sein Gebrechen anzusprechen; meist verheddert er sich dadurch noch mehr. Schlimm ist Spott oder die Verkennung des Stotterns als Zeichen von Dummheit. Das Gegenteil ist zutreffender, wie die Leistungen in nichtsprachlichen Bereichen zeigen. Einem stotternden Kind Selbstbestätigungsmöglichkeiten zu geben in dieser Richtung, ist ein wesentlicher Beitrag, den die Schule leisten kann.

● **Stimmgebung** (Phonation) umfaßt Stärke, Tonlage, Klang der Stimme. – Stimmstörungen sind bei Kindern zwar selten, können gelegentlich aber als Näseln („durch die Nase sprechen" oder „Schnupfensprache") oder als Dysphonie (Heiserkeit, Abweichungen der altersüblichen Stimmhöhe, Preßstimme) in Erscheinung treten. Die Ursachen sind meist organisch-funktioneller Art; auch stimmliche Fehlbelastungen können eine Rolle spielen. Der Hals-Nasen-Ohrenarzt wird feststellen können, worum es sich im Einzelfall handelt.

● **Wortschatz** (Lexik) ist die Summe der Wörter, die ein Mensch versteht (= passiver) und gebraucht (= aktiver) Wortschatz. Ein Schulanfänger verfügt üblicherweise über rund 3000 Wörter; die Abweichungen sind im Einzelfall aber erheblich und stark vom Sprachmilieu abhängig. – Wortschatzarmut erweist sich als großes Hemmnis für schulische Fortschritte und sollte daher – je nach Ursache logopädisch oder in speziellen Förderkursen – systematisch und im Rahmen einer ganzheitlichen Sprachbildung angegangen werden.

● **Satzbau** (Grammatik, Syntax) bezieht sich auf die regelgemäße Fügung von Wörtern zu Satzaussagen (Reihenfolge, Deklination, Konjugation, Mehrzahlbildungen, Zeiten ...). Nicht vergessen: Mit Wörtern allein läßt sich nicht einmal im Grotto Ticinese eine

klare Bestellung aufgeben! Präzise sprachliche Information ist ohne Grammatik nicht möglich. – Dysgrammatisch sprechende (und entsprechend schreibende) Kinder sind sozial und schulisch recht gehandikapt. Sprachheilpädagogische Maßnahmen sind daher durchaus angezeigt, weil auch derartige Sprachmängel nicht einfach als Zeichen mangelhafter Intelligenz betrachtet werden dürfen.
- **Sprachnutzung** (Pragmatik) meint die Art und Weise, wie das Kommunikationswerkzeug „Sprache" eingesetzt wird. Und da gibt es nun extrem sprechscheue (mutistische) Kinder, mehrheitlich Mädchen, die in bestimmten Situationen nicht sprechen können, wollen, dürfen. Sie bringen kein Wort über die Lippen, wiewohl sie über die Sprache verfügen (und sie im vertrauten Kreis auch brauchen). – Sprechscheue Kinder soll man keinesfalls (auch nicht liebevoll!) nötigen, sie auch nicht als dumm und verstockt verkennen, sondern ihnen Zeit lassen, vertraut zu werden mit einer befremdlichen Situation. In unserer geschwätzigen Welt regen sie uns dazu an, auch stillere Umgangsformen vermehrt zu pflegen. Wo die Sprechscheu zu einem belastenden Problem wird, kann Rat und Hilfe bei einer logopädischen Fachperson gefunden werden.

Bedenklicher ist die Situation, wenn die Sprachentwicklung nicht oder nur sehr verlangsamt in Gang kommt. Mit einem bloßen Zuwarten ist es hier nicht getan. Die Überprüfung des Gehörs und der Sprechwerkzeuge, aber auch des geistigen Entwicklungsstandes drängt sich in einem solchen Fall auf.

Schließlich verlangt unsere Gesellschaft auch schon vom Kind den Erwerb und den Umgang mit der geschriebenen Sprache. Extreme Schwierigkeiten beim Lesenlernen (Legasthenie) und in der Rechtschreibung (Dysorthographie) sind nach entsprechender schulpsychologischer oder logopädischer Abklärung möglichst schon im Elementarschulalter durch gezielte Förderung anzugehen, da sie sich sonst als permanenter Hemmschuh durch die ganze Schulzeit durchziehen können. Wie die Eltern ihrem Kind sinnvoll und effizient helfen können beim Erlernen der sogenannten „Kulturtechniken" (Lesen, Schreiben, Rechnen etc.), wird ihnen am besten die jeweilige Lehrkraft sagen können, da diese ja auch über Methode und Lehrmittel Bescheid weiß. Von samstagnachmittäglichen „Hauruck-Methoden" ist jedenfalls abzusehen. Gutgemeint kann auch das Gegenteil von gut bedeuten. (Und abgesehen davon sind wir der Meinung, daß der Unterricht grundsätzlich in der Schule stattzufinden hätte und nicht in Form von Hausaufgaben ins Elternhaus abgeschoben werden dürfte!)

Zu guter Letzt: Das familiäre Umfeld ist und bleibt der wichtigste „Sprach-Generator" für ein Kind. Sprache hat ihre Wurzeln in den engen, unmittelbaren zwischenmenschlichen Beziehungen, in Erlebnissen und Erfahrungen, in Gefühlen und konkreten Handlungen. – Die Sprache beginnt nicht, sondern (ver-?) endet im Buch ...

Verhaltensstörungen

Verhaltensauffälligkeiten gehören zum normalen erzieherischen Alltag. Sie sind Ausdruck einer kindlichen Individualität und sind unvermeidlich im Zusammenhang mit den vielfältigen sozialen Lernprozessen, die ein Kind zu durchlaufen hat. Verhaltensauffälligkeiten sind Episoden und sollten daher keine besondere Aufmerksamkeit auf sich ziehen. Lausbuben und Lausmädchen sind kein Fall für den Psychiater.

Verhaltensstörungen hingegen präsentieren sich dem Erzieher als mehr oder weniger ausgeprägte und dauernde Abweichungen im Verhalten des Kindes von einem „Normalverhalten". Der Symptomkatalog kindlicher Verhaltensstörungen ist ziemlich umfangreich und reicht von gewissen „Ticks" über schlechte Gewohnheiten, Schwererziehbarkeit bis zu kriminellen Vergehen.

Verhaltensstörungen machen sich stets im Sozial-, Wert- und Eigenbereich gleichzeitig mehr oder weniger deutlich bemerkbar.

Zum Stichwort „Normalverhalten": Im Bereich der Verhaltensstörung drängt sich das Problem der Normalität, des Normalitätsbegriffes am stärksten auf, da hier die Bestimmung dessen, was als „normal" gelten kann, auf besonders große Schwierigkeiten stößt.

Eine eindeutige und allgemeingültige Bestimmung von Normalitäten gibt es nicht. Was als normal beziehungsweise abnorm/anomal gilt, ist stark von soziokulturellen Faktoren, von Zeitumständen sowie von weltanschaulichen Vorentscheidungen abhängig.

Es mag nützlich sein, kurz auf vier Normbegriffe einzugehen:
- **Die statistische Norm** (Durchschnittsnorm): normal ist, was in großer Zahl auftritt. Abnorm bedeutet dementsprechend: Abweichung vom regelhaft Durchschnittlichen. Dabei ist zu beachten, daß es sowohl Abweichungen nach „oben" (zum Beispiel Genialität) wie nach „unten" (zum Beispiel geistige Behinderung) gibt, die beide als abnorm bezeichnet werden müssen. Umgekehrt müssen bestimmte Defekte als normal bezeichnet werden, wenn sie sehr häufig sind (beispielsweise Zahnkaries). Normalität im Sinne der Durchschnittlichkeit ist daher nicht in jedem Falle wünschenswert.
- **Die Ideal-Norm**: sie ist von einem Ziel und Zweck her bestimmt. Normal ist, was den Ziel- und Idealvorstellungen entspricht oder diesen mindestens entgegenstrebt.
- **Die Zeit-Norm**: sie bestimmt, was zu einem bestimmten Zeitpunkt innerhalb der kindlichen Entwicklung phasenspezifisch ist (Stammelfehler sind zum Beispiel bei einem Dreijährigen normal, bei einem Zehnjährigen abnorm!) Diese Zeit-Norm erheischt besondere Berücksichtigung bei kindlichen Verhaltensstörungen.
- **Die funktionale Norm**: als normal gilt hier, was einem bestimmten Individuum gemäß ist und ihm ein Leben in innerer Harmonie und Stimmigkeit ermöglicht. (Homosexualität kann z. B. in diesem Sinne normal sein, wenn sie einem Menschen wesensgemäß ist und er bei dieser sowohl im statistischen wie zumeist auch im idealistischen Sinne abnormen Sexualbetätigung zu einer Art „negativen Harmonie" gelangt.)

Alle diese genannten Normen hängen in Wirklichkeit miteinander zusammen und voneinander ab.

Kindliche Verhaltensstörungen beobachten wir hauptsächlich in folgenden ursächlichen Zusammenhängen:
- **Gehirnfunktionsstörungen** und Unregelmäßigkeiten im Be-

reich des innersekretorischen Systems, aber auch äußerliche Organ- und Funktionsbeeinträchtigungen (Motorik, Sinnesorgane) können verschiedenste Verhaltensstörungen zur Folge haben. Das bedeutet, daß bei hartnäckigen Störungen – besonders bei einem Kind, das in einem ungestörten Milieu aufwächst und dessen Geschwister keine vergleichbaren Schwierigkeiten zeigen – stets auch eine ärztliche, vorab psychiatrisch-neurologische Untersuchung angezeigt ist.

• Unter einer **Neurose** versteht man im allgemeinen eine psychisch bedingte erworbene Verhaltens-, Leistungs- oder körperliche Störung, die grundsätzlich durch geeignete psychotherapeutische Maßnahmen geheilt werden kann. Neurotische Fehlentwicklungen, deren Herkunft dem Betroffenen meist nicht bewußt ist, nehmen ihren Anfang zwar häufig im Kindesalter, machen sich aber oft erst im Erwachsenenalter in ihrer ganzen Problematik bemerkbar (zum Beispiel Eheschwierigkeiten, die sich auf eine ungeschickte sexuelle Erziehung zurückführen lassen). Im Kindesalter sind sogenannte Konfliktreaktionen häufiger als eigentliche Neurosen. Diese sind dadurch charakterisiert, daß die Belastung von außen an den Menschen herantritt, daß die krankmachende Situation für jeden normalen Menschen ebenfalls eine Belastung darstellt und daß häufig ein enger zeitlicher Zusammenhang besteht zwischen dem Auftreten der Schwierigkeiten und einem biographisch-greifbaren Ereignis. Ein Beispiel dafür ist die Trauer über den Verlust eines Menschen. Trauer empfinden wir alle; problematisch wird ein Fall, wenn diese Trauer nicht mehr abgebaut werden kann, chronisch wird und sich zu einer ständigen Störungsquelle im Leben ausweitet.

• Spricht man von **Psychopathie**, so denkt man eher an eine angeborene konstitutionell bedingte Charaktervariante. Kindliche Verhaltensstörungen sind freilich selten Ausdruck einer echten Psychopathie, und man sollte einem Kind oder einem Jugendlichen gegenüber mit der Bezeichnung „Psychopath" entsprechend vorsichtig sein.

• Unter **Psychose** verstehen wir Geisteskrankheiten, die durch eine mehr oder weniger weitgehende Auflösung der Persönlichkeit charakterisiert werden (zum Beispiel Schizophrenie). Psychosen sind in ihrer Symptomatik nur noch sehr beschränkt verstehbar und verlaufen über weite Strecken nach eigenen Gesetzen und unabhängig von äußeren Situationen. Psychosen im Kindesalter sind ziemlich selten.

● Mit **Verwahrlosung** bezeichnen wir den Tatbestand einer dauernden Mißachtung der Erziehungsaufgabe, die ein Erzieher oder eine ganze Gesellschaft einem Kind gegenüber zu erfüllen hätte. Wo von Verwahrlosung die Rede ist, da wird also ein Kreis von Erziehungsverantwortlichen beschuldigt, dem betreffenden verwahrlosten Kind nicht die nötige Zuwendung und Pflege und Lebenshilfe entgegengebracht zu haben.

● Eine **Fehlerziehung** ist demgegenüber dadurch gekennzeichnet, daß die Verantwortlichen die Erziehungsaufgabe zwar zu lösen versuchten, dabei jedoch – vielleicht in guten Treuen oder aus Unvermögen – von falschen Zielsetzungen und Voraussetzungen ausgingen bzw. falsche Mittel einsetzten.

● Vereinzelte **Erziehungsfehler,** wie sie sporadisch jedem Erzieher unterlaufen, fallen (verglichen mit Verwahrlosung und Fehlerziehung) nicht so sehr ins Gewicht. Einem einzelnen Erziehungsfehler kann freilich die Bedeutung eines auslösenden Moments zukommen, indem er eine bereits seit geraumer Zeit verlaufende Fehlentwicklung in Form einer Impulsivreaktion (zum Beispiel Suizidversuch, Davonlaufen usw.) manifest werden läßt.

Die Wesentlichkeit der Grundhaltung und die Tatsache, daß sporadische Fehler viel weniger problematisch sind als eine konsequente Fehlerziehung, hat Jean Paul in trefflicher Kürze so formuliert: „Nicht die Schwärze, sondern die Dauer der Beispiele vergiftet die Kinder."

Verstimmung

Das gesunde, vollentwicklungsfähige Kind, welches sich in seiner menschlichen Umgebung akzeptiert fühlt, wird getragen von einer leicht angehobenen, lebensbejahenden Grundstimmung, die ihm auch immer wieder über die kleinen Widerwärtigkeiten des Alltags hinweghilft. Leichte, rasch vorübergehende Verstimmungen, das heißt Beeinträchtigungen dieser mittleren Gefühlslage in gesteigerter, beziehungsweise gedämpfter Richtung, eine gewisse Stimmungslabilität gehören freilich mit zum Wesen der Kindlichkeit.

Uns beschäftigen hier die stark abweichenden, chronischen, zum Teil sogar situationsunabhängigen und in diesem Sinne krankhaften Störungen der Grundbefindlichkeit.

Kindliche Euphorie

Die kindliche Euphorie zeigt sich dem Beobachter in vier einander überschneidenden Formenkreisen:

- in Form **überschießender und nur langsam abklingender Affekte** (bei Kleineren in Jubelgeschrei, Herumtollen, kaum endenwollendem Gelächter) bei auch nur mäßig erfreulichen oder lustigen Situationen.
- **in Form von Sprunghaftigkeit, Unruhe und einer leeren Betriebsamkeit**, eines überbordenden Eifers, der jedoch zu keinem Ziel gelangt.
- in Form von **Dreistigkeit,** in welcher eine aggressive Komponente mitschwingt. Auffällig ist hier der mangelhafte Sozialabstand, welcher zu vorprellender Vertraulichkeit und Distanzlosigkeit, auch Erwachsenen und Fremden gegenüber, führt und sich in plumper Aufdringlichkeit manifestiert.
- in Form der sogenannten **Clownerie**, welche oft kaum mehr eine Unterscheidung von Bedeutsamkeitssphären erkennen läßt. Es besteht ein Hang, alles unterschiedslos ins Lächerliche und

Groteske hinein zu interpretieren (zum Beispiel bei Jugendlichen effekt-hascherisches Blödeln, Grimassieren, Witzeln, Karikieren). Auffällig ist dabei das mangelnde Verständnis für die Einmaligkeit eines Witzes, eines Gags; besonders bei anfänglichem Publikumserfolg entsteht ein unaufhaltsamer Wiederholungszwang, wodurch sich „Bruder Lustig" (es kann auch eine „Schwester Lustig" sein!) kaum erworbene Sympathien wieder zerstört und sich erneut isoliert.

In jedem Fall fehlt das zur gemeinschaftlichen Einordnung notwendige soziale Einfühlungsvermögen. Das Risikogefühl des Kindes ist vermindert, das Verhalten der jeweiligen Situation nicht angepaßt und infantil. Die Ursachen einer euphorischen Verstimmtheit sind in Milieukonflikten zu suchen und sind vorab im Schulalter Versuche, die Aufmerksamkeit der näheren Umgebung auf sich zu lenken. Im Hintergrund der aufsässigen Lustigkeit und der verkrampften Fröhlichkeit stehen häufig Minderwertigkeitsgefühle, Verlassenheitsängste und eine oft nur mühsam versteckte Selbstverachtung. Erzieherisch muß man solchen Kindern daher zu echten Leistungen und tragfähigen Bindungen verhelfen und gleichzeitig ihre untauglichen Anbiederungsversuche möglichst nicht beachten, weder negativ noch positiv, sie sozusagen „leerlaufen" lassen.

Kindliche Dysphorie

Auch die kindliche Dysphorie kann man in vier sich überschneidenden Formenkreisen betrachten:
- **in Form der Apathie und Mattigkeit**. Die Kinder wirken lahm und antriebsarm, desinteressiert und gelangweilt. Die Welt hat für sie wenig Aufforderungscharakter, es interessiert sie nichts, nichts sagt ihnen etwas, sie können sich für nichts erwärmen, sie sind in einer beängstigenden Art brav und genügsam. Auch die Bewegungen sind zum Teil verlangsamt, unsicher und schlaff und erwecken den Anschein der Trägheit.
- **in Form der Verernstigung und des Pessimismus**. Diese Kinder wirken durch ihre Neigung zur tragischen Verarbeitung von Er-

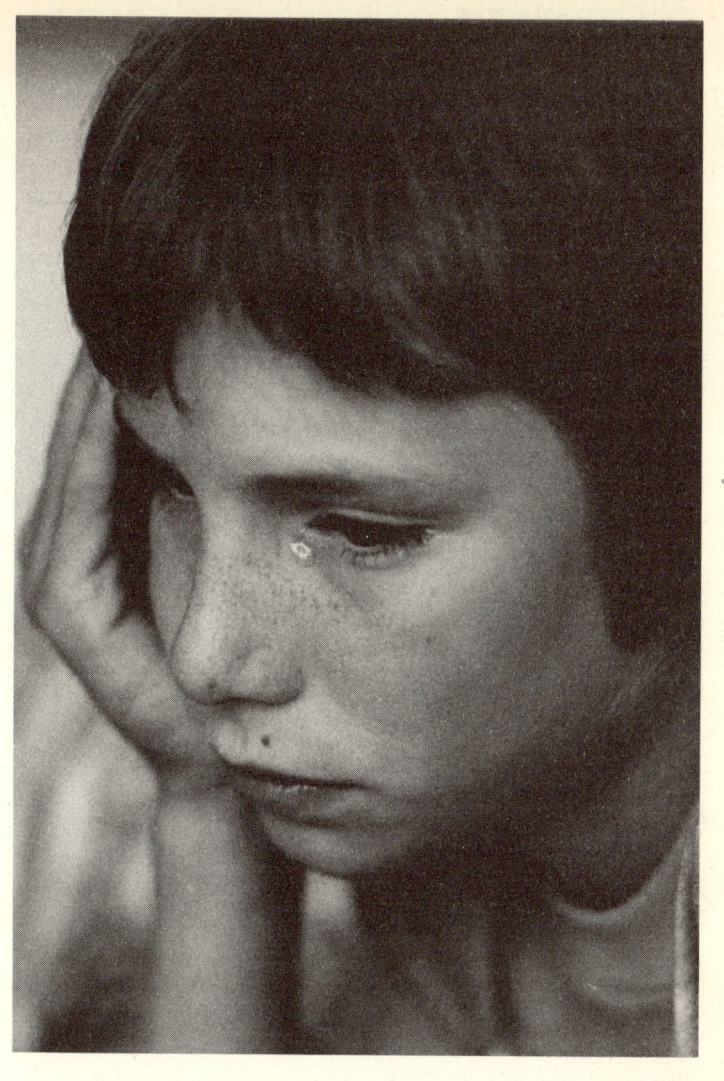

lebnissen, durch ihre Skrupel und übersteigerten Schuldgefühle auffallend unkindlich, greisenhaft. Manche haben etwas Selbstquälerisches an sich: in Form einer überspitzten Opferbereitschaft oder in der Art, daß sie sich mit düsteren Zukunftssorgen beschäftigen und sich vom nahen Tode bedroht fühlen.

- **In Form von Ängstlichkeit und intentionaler Gehemmtheit.** Intentionale Gehemmtheit muß man sich als „möchten, aber nicht können" vorstellen, zum Beispiel den Wunsch haben, mitzuspielen, aber das „Darf ich?" oder den Schritt zur Spielrunde nicht über sich zu bringen. Auch vor banalen Anforderungen fallen diese Kinder in tiefe Ratlosigkeit und können sich zu keinem Entschluß durchringen. Werden sie gedrängt, geraten sie in eine panikartige Verwirrung oder zeigen eine Art Totstellreflex. Sie fühlen sich ringsum bedroht und klammern sich hilfesuchend an vertraute Personen.
- **In Form der Verdrießlichkeit und Wehleidigkeit.** Oft treten hier verschiedene körperliche Funktionsstörungen auf (Schlafstörungen, Appetitmangel, unklare Bauchkoliken usw.), die starken Einbildungscharakter haben können. Für Eltern ist es nicht leicht, im Ernstfall zu entscheiden, ob es sich um eine Blinddarmreizung oder um eine psychisch bedingte Störung handelt.

Das Problem der kindlichen Depression ist meist vielschichtiger als jenes der Euphorie. Zwar muß auch hier die Frage nach einer Erbkomponente gestellt werden. Ebenso darf die Möglichkeit einer körperlichen Ursache (Erschöpfung, Vitaminmangel, Drüsenfunktionsstörungen, noch nicht ausgebrochene Krankheit) nicht übersehen werden.

Wissen muß man: es sind weniger einzelne Schockerlebnisse (zum Beispiel Verlust einer Bezugsperson) als ständige Zurücksetzungen und Frustrationen, welche zu einer depressiven Persönlichkeitsentwicklung führen können. Der Schock wird, da er ein dramatisches Ereignis ist, meist überbewertet. Stimmt die Situation drum herum, so kann ein Kind einzelne Schockerlebnisse relativ gut überwinden. Auch können rigorose, zum Beispiel frömmlerisch-moralistische Erzieher, welche dem Kind täglich in einer Leichenbitterhaltung entgegentreten und in ihm massive, völlig unangemessene Schuldgefühle erzeugen, die kindliche Lebensfreude dermaßen drosseln, daß das Kind in einer verquält-depressiven Art in seiner Welt steht. Wichtig in diesem Zusammenhang: Kinder, die in einer traurigen Situation lustig sind, sind nicht herz- oder gefühllos. „Lustigkeit" kann eine Art sein, mit Belastungen fertig zu werden. Der Erwachsene hat einfach besser ausgebildete Hemmungsmechanismen und richtet sich nach konventionellem Trauerverhalten.

Weit mehr als einzelne Verhaltensweisen und äußere Not wirkt sich die Gestimmtheit der Beziehungspersonen und die Atmosphäre, welche diese um sich herum verbreiten, auf die Grundstimmung eines Kindes aus. Gereizte, überarbeitete, am Rande einer Erschöpfungsdepression stehende Väter und enttäuschte Mütter schaffen hinter der Fassade des Wohlstandes und der Rechtschaffenheit nicht selten eine bedrückende Umgebung. Diese polare Reaktionsweise der Eltern auf psychische Belastungen kann für das Kind enorme atmosphärische Spannungen bewirken. Nicht ohne Grund forderte Jean Paul vom Erzieher in erster Linie ein heiteres Gemüt, denn „Heiterkeit oder Freudigkeit ist der Himmel, unter dem alles gedeihet – Gift ausgenommen".

Vertrotztheit

Trotz, die episodenhaft auftretende, affektgeladene, meist aber unklare Widersetzlichkeit des Kindes gegenüber fremdem Willen ist eine normale, in gewissem Sinne sogar entwicklungsnotwendige Erscheinung. Trotz ist nicht an gewisse Altersstufen gebunden. Das allenfalls gehäufte Auftreten um das dritte und dreizehnte Lebensjahr steht im Zusammenhang mit dem bedeutsameren Faktum der Ich-Entwicklung, Willensbildung und Selbstwerdung des Kindes. Das Streben danach, sich selbst durchzusetzen, führt zu mannigfaltigen Konflikten mit der Personen- und Sachwelt, Konflikten, in denen das Kind wichtige Grenzerfahrungen macht. Ob sich derartige Willenskundgebungen zu einem

Trotzanfall auswachsen, in welchem das Kind von seinen Affekten überflutet und für Momente völlig unansprechbar wird, hängt freilich stark vom Verhalten des Erziehers ab.

Trotzen

Zeigt sich der Erwachsene halsstarrig-stur, so liegt für das Kind die Flucht in einen wirren Erregungszustand nahe. Es sagt nein, schreit, weint, stampft, wirft sich auf den Boden, schlägt um sich, spuckt, beißt, zerstört die nächstliegenden Gegenstände. Heizt der Erzieher die Eskalation noch an, so kann die Panik des Kindes bis zum Affektkrampf führen, das heißt, das Kind gerät ob des Schreiens in eine derartige Atemnot, daß es das Bewußtsein verliert.

Passive Abwehrhaltung

Das Kind wendet sich ab, schmollt und hüllt sich in finsteres Schweigen.

Trotz tritt also meist reaktiv auf gegenüber einer menschlichen Übermacht, deren sich das Kind nicht mehr zu erwehren weiß, zumal es sich im selben Moment auch noch dumpf an sie gebunden und auch von ihr abhängig fühlt. Aber auch die Tücke eines Objekts, Sachzwänge, denen das Kind sich nicht beugen will (zum Beispiel Klötze, die nicht aufeinanderbleiben, Schuhbänder, die sich nicht binden lassen, Spielbrücken, die zusammenkrachen) können Trotzreaktionen auslösen. Und schließlich gibt es auch so etwas wie einen Trotz gegen sich selbst im Spannungsfeld von Entscheidungsnöten und gegensätzlichen Willensimpulsen. Man kann nun einmal nicht gleichzeitig in den Zoo gehen und zu Hause ein neues Spielzeug ausprobieren! Manchen Kindern werden viel zu früh intellektuelle Entscheidungen abgefordert, die sie gefühlsmäßig nicht verkraften können. Dazu gehört auch die schwere Entscheidung zwischen zwei guten Dingen, das heißt für ein „noch Lieberes" Partei ergreifen zu müssen.

- **Jugendlicher Trotz ist nachhaltiger und differenzierter** und verlegt sich von der körperlichen auf die sprachlich-aggressive Ebene. Der Jugendliche verbirgt seinen Trotz auch, indem er demonstrative Gleichgültigkeit an den Tag legt oder durch Scheingehorsam zu täuschen versucht. Trotz wird im Jugendalter oft auch bewußt als Mittel zur Provokation von Autoritäten eingesetzt: man strapaziert sie durch Negativismen (sagt nein aus Prinzip, ist von vornherein dagegen, wechselt notfalls auch Standpunkte, falls unerwartet Verständnis auftaucht), bis es sie buchstäblich „verjagt", das heißt bis ihnen (endlich einmal?) etwas „Menschliches" passiert, bis sie aus ihrer Rolle fallen, ihnen die Sicherung durchbrennt, sie sich demaskieren – und für Momente wenigstens ihr wahres Gesicht zeigen. Das ist nicht negativ, denn der Wutausbruch des Erwachsenen kann auch bedeuten, daß ihm der Jugendliche in seinem Trotz eben nicht gleichgültig ist – ist also gleichzeitig Beweis des Engagements!

Bei Jugendlichen kann Vertrotztheit zur Lebenshaltung erstarren und mitunter auch zu einer Vulgär-Ideologie emporstilisiert werden, die zum Beispiel von der Grundthese getragen wird: Alles, was über dreißig Jahre zählt, ist reaktionär, repressiv und autoritär und daher abzulehnen. Viele jugendliche Protestaktionen haben durch ihren episodenhaften, wirren Charakter tatsächlich weit mehr mit infantilem Trotz gemeinsam als mit bewußtseinsklarer politischer Agitation.

- **Trotz als Ausdruck ungezielter, ungefestigter Selbstbehauptung** läßt sich in der erzieherischen Begegnung kaum völlig ausschalten, und man kann sich auch fragen, ob dies wünschbar wäre. Es ist vielfach kein gutes Zeichen, wenn ein Kind überhaupt nie trotzt. Permanente Fügsamkeit kann auch Ausdruck gebrochenen Willens oder einer Lebensschwäche sein. Es gibt auch den fast krankhaften Gehorsam in Form der Gehemmtheit und Initiativelosigkeit.
- **Trotz sollte allerdings auch nicht leichtsinnig provoziert werden** durch Sturheit, Brüskierungen, Launenhaftigkeit und krankhafte Verfügungsansprüche über ein Kind. Kinder sind weder unser Besitz noch unsere Visitenkarte. Es ist zweifellos wichtig und richtig, daß ein Kind gehorchen lernt, ebenso bedeutsam ist

aber, daß es lernt, Widerstand zu leisten und Gefolgschaft zu verweigern. Sowohl der anpassungsunfähige wie der bloß zur Anpassung fähige Mensch weisen auf eine gescheiterte Erziehung hin.
● **Trotz sollte daher nicht einfach gebrochen werden**, sondern Anlaß sein, mit dem Kind zusammen einen gangbaren Weg zu suchen. Schon das Kleinkind sollte wenigstens aus dem Tonfall des Erziehers entnehmen können, daß sich dessen Willen nicht gegen seine Person richtet, sondern auf eine sachgemäße Konfliktlösung aus ist. Hat sich ein Kind aber einmal in einen Trotzanfall verstrickt, so hat es wenig Sinn, mit ihm zu räsonieren. Ein Spiel, allenfalls ein Bad, helfen ihm meist rascher, zu sich und der Welt zurückzufinden.

Jugendlichem Trotz ist mit solcher Ablenkung und beruhigender Nichtbeachtung nicht mehr beizukommen, da der junge Mensch die Auseinandersetzung oft bewußt sucht. Es gilt auch hier, sich vor Rechthaberei und Verhärtungen zu hüten. Der Erwachsene sollte also nicht Gegenposition beziehen, wenn zum Beispiel unterschiedliche gesellschaftspolitische Standpunkte zur Diskussion stehen, sondern sich informieren, sich informieren lassen und dem Jugendlichen helfen, in der Diskussion seine eigene Position kritischer zu sehen. Wichtiger als das Bildungsniveau der Eltern ist ihre Bereitschaft, die Rollen zu tauschen, nicht nur zu lehren, sondern auch zu lernen und nicht auf persönliche Erfahrungen zu pochen, mit denen der junge Mensch nun einmal wenig anzufangen weiß. Prellstein zu sein, ist nicht die unbedeutendste erzieherische Funktion! Auch harte Auseinandersetzung, sogar Streit, sind immer noch Formen zwischenmenschlichen Kontaktes, die anzeigen, daß man einander noch nicht aus den Augen verloren hat. Erst wo die Auseinandersetzung der Gleichgültigkeit weicht, droht sich das erzieherische Verhältnis aufzulösen.

Zappligkeit

Der Zappelphilipp ist zwar schon seit mehr als hundert Jahren einschlägig bekannt, hat aber in neuerer Zeit seinen Kollegen Struwwelpeter an Bedeutung überholt. „Psychomotorische Unruhe", „Hypermotilität" nennt sich der zur Krankheit uminterpretierte Kinderfehler heutzutage. Stichworte mögen genügen zur Umschreibung dessen, was früher einmal „Nervosität" genannt wurde: Bewegungsmäßige Übererregbarkeit und Betriebsamkeit. Unangemessenes, überschießendes Bewegungsverhalten, mangelhaft kontrolliert, untersteuert, distanzlos. – Schußlig, störend und leicht störbar. Linkisch, ungeschickt, oft wenig Risikogefühl und daher auch unfallgefährdet. Meist auch erheblich konzentrationsgestört, wenig Ausdauer, rasch ermüdbar. Impulsiv, gelegentlich hemmungslos, wenngleich meist ohne böse Absicht und wider besseres Wissen. Leistungsmäßig meist unter dem Begabungsniveau liegend; Schulversager trotz guter oder zumindest ausreichender Intelligenz.

An Theorien, welche die epochale Zunahme dieses Erscheinungsbildes erklären sollen, fehlt es nicht: Minimale Hirnfunktionsstörungen (sattsam bekannt unter dem Kürzel „P.O.S." für Psycho-Organisches-Syndrom), Reizüberflutung, allgemeine Überforderung durch Schul- und Freizeitaktivitäten, instabile Familien- und Beziehungsverhältnisse mit gehäuften Beziehungsab- und -unterbrüchen, Nahrungsmittelallergien, mangelhafte psychische Belastbarkeit durch verwöhnend-verweichlichende Erziehung, fehlende Orientierungsmuster im sozialen Nahbereich usw.

Entsprechend vielgestaltig ist denn auch das Therapienangebot: angefangen bei einer Pillen-Pädagogik, die den Zappelphilipp medikamentös auf ein umweltverträgliches Aktivitätsmaß abzudämpfen verspricht, über phosphatarme Diät, diverse Körper- und Bewegungstherapien bis hin zu den zahllosen Ratschlägen, die man anwenden würde, wenn ...

Wo derart unterschiedliche Ursachen zum selben Erscheinungsbild führen und derart unterschiedliche Maßnahmen es zum Verschwinden bringen sollen, ist Vorsicht geboten hinsichtlich der Personifizierung einer offenbar allgemeinen Unstimmigkeit. Konkret oder bildhaft, wie Sie es nennen wollen: Betrachten wir einmal den „Hyper", wie Philipp in Amerika genannt wird, als einen Fisch auf dem Trockenen. Auch der zappelt, ziel-, sinn- und planlos und unfischgemäß. Ist er krank, gestört? Ja und nein! Umgebung und Lebensform sind für ihn auseinandergebrochen, Bild und Rahmen passen nicht mehr zusammen. Wie können wir seine Zappelei abstellen? Indem wir ihm ein Valium in die Kiemen stecken? ihn festhalten? amphibische Übungen veranstalten, gelegentlich Wasser über ihn träufeln? – oder ihn vielleicht doch seinem Lebenselement anvertrauen?

Wir meinen, daß der heutzutage vielbeklagte Zappler insofern nicht nur ein individuelles, sondern auch ein zeittypisches Problem darstellt, als – vor allem in städtischen Verhältnissen – Kinder häufig nicht mehr die für sie lebens- und erlebensnotwendigen Welten finden. Kinderwelten, die gekennzeichnet sind durch Bewegungs- und Gestaltungsraum, gefahrlose Experimentierfelder, Rückzugsgefilde, pädagogische Schonbezirke, Reservate des Eigensinns ... Solange wir nicht willens oder aufgrund geschaffener Sachzwänge auch nicht mehr in der Lage sind, derartige Kinderwelten zu ermöglichen, müssen wir uns mit einer, um im obigen Bild zu bleiben, optimalen Aquariengestaltung begnügen:

● Elementare Natur-, Material- und Bewegungserfahrungen ermöglichen.

● Organisatorische Leitplanken, die mithelfen, daß verzappelt-irritierte Kinder auf dem Weg zu ihren Handlungszielen bleiben. Sie einfach bis zur Erschöpfung „austoben" zu lassen, bringt sie nicht zur notwendigen Besinnung.

● Neben bewegungsmäßigen sind auch musische Aktivitäten von entspannender und befriedender Auswirkung.

● Modellhaft betulicher, geruhsamer Umgangsstil (in Sprache, Gestik, Arbeitsweise) unsrerseits mit und gegenüber dem unruhigen Kind.

Daß es in der Tat Menschen gibt, die auf andere, allein durch schlichtes Mitsein, beruhigend, entspannend, klärend („erheiternd", wie Pestalozzi zu sagen pflegte) wirken, beweisen uns „Hypers", die im Umfeld solcher Personen sich wie ein Fisch im Wasser fühlen und verhalten können. Ein pädagogisches Umweltschutzproblem, gewissermaßen.

Zerstreutheit oder Verträumtheit?

Um das eine vom andern besser zu unterscheiden, sollten Sie das Kapitel „Konzentrationsstörungen" noch einmal durchlesen. Richtig ist, daß das verträumte Kind eben nicht zerstreut, sondern durchaus konzentriert ist, aber eben konzentriert auf sich und seine Träume und nicht auf die Anforderungen, welche die Wirklichkeit an es stellt.

Das Tag- oder Wachträumen, das Luftschlösserbauen und Sich-Hingeben an aufsteigende Phantasiegebilde ist ein aus dem Alltag bekanntes Phänomen, das in bezug auf das schöpferische Denken von entscheidender Bedeutung ist und daher keinesfalls von vornherein als unerwünscht oder gar als Krankheit einzustufen ist. Spricht man von Verträumtheit, so meint man damit den unwiderstehlichen Drang, sich von Stimmungsbildern forttragen und sich von einer Phantasiewelt derart in Bann schlagen zu lassen, daß die Realitätsbezogenheit und die zwischenmenschlichen Kontakte ernsthaft gestört werden.

Verträumtheit ist von verschiedenen inneren und äußeren Faktoren abhängig: Eine gewisse Neigung, sich tagträumend von der Umwelt abzukapseln, ist einmal phasenbedingt und relativ häufig in der Pubertät zu beobachten. Auch typologische Eigenarten spielen eine Rolle, finden sich doch oft introvertierte, sensitive, mitunter künstlerisch begabte Jugendliche unter den Tagträumern. Ferner begünstigen seelische Konflikte, Schockerlebnisse und zum Teil auch äußere Notzustände den Rückzug in die Gefilde einer Phantasiewelt. An äußeren Faktoren sind vor allem Einsamkeit, Langeweile, Müdigkeit, Monotonie, das heißt Eintönigkeit als tagtraumauslösende Momente wirksam. Der Inhalt des Tagtraumes ist stark von den individuellen Eigenheiten und dem persönlichen Erlebnishorizont des Träumers abhängig, hat in der Regel lustbetonten Charakter, wobei Besitzwünsche und der Drang nach erhöhter Geltung meist im Zentrum stehen.

Das Tagträumen kann für die Psyche des Menschen also verschiedene Funktionen ausüben: je nachdem hat es den Charakter eines verinnerlichten Spiels mit erfrischender Wirkung und darf als stimmungsmäßige Vertiefung eines Erlebnisses, als Vorphase gezielten Planens und Problemlösungs-Verhaltens oder der spielerisch-phantasiemäßigen Vorwegnahme künftigen Geschehens durchaus positiv bewertet werden. Problematisch und entwicklungsstörend wird es erst da, wo es in unverbindliche Schwärmerei ausartet und der Träumer aus dem aktiven Bezug zur Wirklichkeit herausfällt oder wo es das zu verantwortende Handeln spielerisch unverpflichtet werden läßt.

Verträumte Kinder drohen aufgrund ihres anspruchslosen, still-zurückgezogenen, „braven" Verhaltens der Aufmerksamkeit der Erzieher zu entgleiten. Wo Verträumtheit als Symptom eines seelischen Konfliktes und der Vereinsamung auftritt, sollte man dem Kind die Möglichkeit geben, seine Phantasiegebilde in Wort, Zeichnung, Spiel, Bewegung und Theater aus sich herauszustellen, um ihrer (wieder) habhaft zu werden. Es geht ja nicht darum, das Tagträumen zu unterbinden – falls das überhaupt möglich wäre! –, sondern es in seiner positiven Form zu pflegen und das träumerische Verweilen in eine fruchtbare Beziehung zu setzen zur realen Lebenssituation des Kindes. Denn: nicht mehr sich träumerisch der Muße und der Köstlichkeit des Augenblicks hingeben zu können, muß als ebenso problematische Fehlentwicklung bezeichnet werden wie die Verträumtheit. Und vielleicht stellen die Phantasielosigkeit und die weitverbreitete Unfähigkeit, in Gesellschaft mit sich selbst zu sein, den Erzieher unserer Zeit noch vor größere Aufgaben, als sie das verträumte Kind aufgibt.

Es wäre an der Zeit, daß wir das Erziehungsgeschäft nicht nur von der moralischen, sondern auch von der ästhetischen, der musischen Seite betrachten. Deshalb noch ein Kapitel zu diesem Thema.

Erziehung zur Lebensfreude, oder:
Amusie – was ist das?

Amusie und Musie werden Sie vergeblich in Ihrem Lexikon suchen. Beide kann man nur umschreiben:

Der amusische Mensch braucht weder unmusikalisch noch ein Zeichen-Antitalent zu sein. Er ist, was Friedell „Samumist" zu nennen pflegte: ein Mensch, der wie der trockenheiße Sand- und Staubwind Samum in Arabiens Wüsten in seiner Umgebung alles austrocknet und verdorrt. Er ist gefühlsmäßig schlecht ansprechbar, Menschen und Dingen gegenüber stumpf; seine Sinnenhaftigkeit ist schwach, Eindrücke liegen blaß und unterschiedslos nebeneinander; er wirkt verkrampft und gehemmt in Bewegung, Sprache, Ausdruck und menschlichem Kontakt; er kann sich keiner Freude hingeben, ist unfähig, sich gehen zu lassen, sich zu erschließen, mitzuschwingen; er strömt eine gewisse Freudlosigkeit aus, manchmal eine wahre Lustfeindlichkeit, er kann nicht nur sich, sondern auch anderen die Freude, das Vergnügen nicht gönnen. Kurz: er ist eine Belastung für Stimmung und Atmosphäre.

Der musische Mensch anderseits ist nicht gleichzusetzen mit einem, der einen Konrad Witz von einem Cranach unterscheiden kann und täglich eine Stunde Klavier übt. „Musie" ist die Genußfähigkeit, die Sinnenhaftigkeit, die Gabe, Sinneseindrücke bewußt wahrzunehmen und zu genießen und diese „Genüßlichkeit" auch zum Ausdruck zu bringen. Sich freuen – und diese Freude zeigen können, nicht nur in Worten, auch in Gesten, im Lachen, im Blick, der Haltung. Für den musischen Menschen muß nicht immer alles „etwas Rechtes" sein. Er liebt das Sinnfreie, das Spielerische, zu dem ja die Zweckfreiheit untrennbar gehört.

So musisch möchten wir unsere Kinder. Darum die Frage:

Wie erziehen wir unsere Kinder zu musischen Menschen? Oder andersherum: Ist Amusie angeboren? Sozusagen ein geistiges Gebrechen?

Die Auskunft ist klar: **Amusie** ist ein Erziehungsprodukt, wird von Eltern bewirkt durch strengen, phantasielosen, freudlosen, lustlosen Erziehungsstil. Es geht dabei nicht um Einzelfehler, die wir alle machen. Es geht um die Erziehungsatmosphäre. Es gibt Eltern, die durch gewisse Enttäuschungen, durch Frustrationen zu einem persönlichen Lebenspessimismus kommen und vom Leben keinerlei positive, freundliche Erlebnisse mehr erwarten. Dem Kind verlangen sie eine entsprechend skeptische Haltung ab, gelegentlich auch auf Grund einer verkrampften Religiosität, die alles Freud- und Lustvolle mit Sündhaftigkeit koppelt und die Leichenbittermiene zum gottgewollten Gesichtsausdruck stempelt. Wichtig ist deshalb, daß religiöse Eltern sich immer wieder prüfen, ob sie von ihrem Kind nicht eine puritanische Ernsthaftigkeit verlangen, die ihm nicht wesensgemäß ist. Schade, daß man so wenig betont, daß „Evangelium" übersetzt ganz ausdrücklich und vielsagend „frohe Botschaft" heißt!

Kinder können sich gegen ein amusisches Milieu schlecht wehren. Sie sind von den Eltern abhängig, werden also praktisch dazu erpreßt, ihre kindliche, unbeschwerte, fröhliche Leichtsinnigkeit zu unterdrücken. Nicht alle sind stark genug, viele zerbrechen und finden ein Leben lang nicht mehr zu einer freudvollen Menschlichkeit zurück.

Musie kann man fördern, zum Beispiel indem man die Lustbetontheit des Kindes nicht unterbindet, seine kleinkindliche Entdeckungsfreude nicht unterdrückt, später seine Entdeckungsfreuden teilt und unterstützt, sich an seiner Freude an sozialen Kontakten, an Geselligkeit mitfreut. Achten Sie auch auf eine gute Stimmung am Familientisch. Es geht ja nicht bloß darum, die leiblichen Bedürfnisse zu stillen, sozusagen Essen und Trinken als notwendiges Übel. Man darf gern essen, mit Genuß etwas Gutes trinken, sich über das gelungene Dessert oder die Farben des gemischten Salates freuen, das interessante, angeregte Tischgespräch nicht zu vergessen. Die Familientafelrunde ist der falsche Platz für erzieherische Maßnahmen, bis jedem der Appetit vergeht. Lachen Sie mit Ihren Kindern. Und beobachten Sie einmal, wie wenige Leute heute noch lachen können! Man verzieht das Gesicht, man grinst, man lächelt über andere, aber richtig lachen, von Herzen, aus vollem Hals...? Man darf ja auch nicht „dumm tun". Das Leistungsprinzip hat überhand genommen. Man muß

„etwas Rechtes" tun, auch beim Spielen. Man soll sich nicht einfach einer Laune, einem Eindruck hingeben. Man muß schaffen. Muß arbeiten. Der Bereich des Tändelns, des „Nütele", wie der Ostschweizer so schön sagt, des Trödelns wird höchstens noch dem Kleinkind zugestanden.

Problematisch ist die stete Beurteilung der überheblichen Großen: was man macht, muß „recht" sein. Was ist denn recht? Warum müssen Bilder viereckig sein, Melodien melodisch, Worte satzgerecht? Künstler haben da eine größere Freiheit. Ihre Bilder durchbrechen die Regel. Dada sprengte die Einengung der Sprache. Die moderne Musik läßt sich nicht nach alten Kriterien beurteilen. Auch das Kleinkind wäre bereit, die Dinge so vielfältig zu nehmen, wie sie sein könnten. Erst später, mit wachsender Einengung seiner freien Sinne, besteht es auf dem „Richtigen", auf dem Schema, auf der Regel.

Mühsam müssen Kinder dann zum Beispiel in der Schule oder in Freizeitkursen wieder den freien Umgang mit Materialien und Farben lernen. Lernen, daß man anderen diese Freiheit auch zugestehen muß, daß zum Beispiel Klee seine Bilder nicht „falsch" gemalt hat, daß einer eine Wiese blau färben kann, daß man Häuser, zum Beispiel das Goetheanum in Dornach, nicht unbedingt nach der Norm bauen muß ...

Kinder mit sturen Vorurteilen sind häufig. Die Lockerung, die der Umgang mit freieren Menschen bringt, hält auf die Dauer nicht an. Also sind sie auf eine seltsame und bisher wenig bedachte Art milieugeschädigt, obwohl sie leistungsmäßig und sozial keineswegs auffallen, im Gegenteil, sie sind ausgezeichnet eingeordnet. Aber: Vorurteilsgeladene Menschen sind für ihre Umgebung eine Belastung. Sie haben es schwer, andere Ordnungen, andere Strukturen, Varianten zu akzeptieren, können sich nicht umstellen, nichts Neues findet Gnade. Da kann man lang die kreative und befriedigende Freizeit predigen. Voraussetzung dazu ist nicht nur Zeit, sondern persönliche Freiheit.

Zum Beispiel sollten Sie Ihre Kinder den Mut lehren, sich zu blamieren. Denn wer etwas Ungewohntes sagt, tut, denkt, wird mit Genuß verspottet. Spott, das wissen wir alle, ist ein ausgezeichnetes Mittel, den Ausbrecher ins Glied zurückzupfeifen. Die

Freiheit, von der wir da immer reden, wird dem kleinsten Kind oft noch am ehesten zugestanden. „Es ist halt noch ein Kind", sagen wir dann. Dieses Kind darf gewisse Freiheiten für sich beanspruchen. Unsere Pflicht ist es, ihm diese Freiheit für seine Zukunft zu bewahren – das ist nicht musische Erziehung. Es ist musisches Gewährenlassen.

Kinder, die solche Freiheit nicht kennen, reagieren oft mit Angst. Wenn eine erlernte Form und Ordnung nicht angewandt werden kann, wird das Kind unsicher. Wo es im „luftleeren Raum seiner Freiheit" steht, ist es verunsichert und geängstigt. Daher der Ruf nach Ordnung so vieler Erwachsener, der Drang, alles zu regeln und zu reglementieren. Die objektive Richtigkeit gilt als Maßstab, Eigengesetzlichkeit wird als störend empfunden.

Denken Sie daran beim nächsten Kopffüßler, den Ihr Kind zeichnet. Er ist nicht falsch! Er ist einfach ein Kopffüßler, und Kopffüßlern fehlt immer der Bauch.

Gewiß ist das Richtige am richtigsten, aber meist ist es auch sehr langweilig. Würden Künstler alles immer genau richtig machen, malen zum Beispiel, so brauchten wir gar keine Kunstmaler. Ein Fotoapparat täte es auch.

Auch im mitmenschlichen Bereich sollten wir nicht stur an den Regeln klebenbleiben, sondern die Entwicklung der Verhältnisse mit in Betracht ziehen. Sture, amusische Menschen haben Mühe, sich von ihren Regeln zu lösen. Ohne Regeln sind sie verloren. Musische Menschen wissen, daß Regeln sich wandeln müssen. Ein Beispiel dafür sind die sexuellen Spielregeln. Früher lag zwischen Geschlechtsreife und Heirat eine sehr kurze Zeit, heute sind die Jungen früher reif und später selbständig. Es können Jahre zwischen Reife und Heirat liegen. Deshalb sind die alten Regeln von unbedingter Keuschheit vor der Ehe zweckerfüllend zu verändern durch eine neue, verantwortungsvolle, ethisch allseits akzeptable Form des menschlichen Zusammenlebens. Regeln müssen sich den Verhältnissen anpassen, sollen sie nicht wie Relikte in unsere Zeit ragen und die Entwicklung behindern. Die Verkehrsregeln befassen sich ja auch nicht mehr mit Droschkenstandplätzen und der Straßenverunreinigung durch Pferdeäpfel.

Warum die Abschweifung? Um zu zeigen, daß wir in unserer

sich stetig wandelnden Mit- und Umwelt mehr denn je den musischen Menschen brauchen, der in innerer Freiheit und Gelöstheit seiner Zeit und ihren Problemen begegnet und den Alltag mit Phantasie, Freude, Tragkraft bewältigt, statt sich vom Alltag überwältigen zu lassen.

Die Fähigkeit mitzugehen, zu genießen ist natürlich auch Grundlage für jedes Kunstverständnis. Ein echter Amateur, das ist ein Liebender, so will es schon die Übersetzung, ein fröhlicher Dilettant, das ist ein Genießer, einer der sich delectiert, sich erlabt, gütlich tut.

Mag sein, Amusie ist vorab ein schweizerisches, sagen wir alemannisches Problem. Man ißt Rösti, aber man sagt nicht, sie sei gut. Solange keiner etwas sagt, ist's schon recht, denken die Leute. Kritisieren fällt leichter als Loben, und Reklamieren geht über Studieren.

Aber gerade im musisch-harmonisierten Milieu ist die Gefahr besonders groß, daß das Kind sich verhaltensgestörten, verwahrlosten Kameraden anschließt. Da „läuft etwas", da ist spannungsgeladene Disharmonie, da hat Langweile keine Chance. Wo die Kameraden fehlen, versucht man später „chemisch" auszubrechen, benutzt die Droge als Fluchthelfer vor der inneren Langeweile. Oft merkt man zu spät, daß auch im Drogenrausch nicht herauskommt, was nicht drin ist – oder nicht mehr: Genußfreude.

Wir Erwachsenen haben allen Grund, uns die Sache genauer zu überlegen. Auch wir haben unsere stereotypen Vorstellungen. Auf der Straße singt oder lacht man nicht. Man erzählt Witze, statt sich selber etwas Lustiges einfallen zu lassen. Man serviert seinen Gästen als erstes einen Drink, damit sie in Stimmung kommen. Man geht an ein Fest und erwartet, daß es dort lustig sei. Von einem alten Mann, der sich vom Alter nicht bedrücken läßt, reden wir per Jubelgreis. Und das Gegenteil von Grabesstimmung ist leicht die Festhüttenlustigkeit.

Ein paar Wegweiser auf dem Weg zur „Musie":

Sorgen Sie dafür,
- **daß Ihre Kinder über genügend Raum, auch genügend Lebensraum verfügen,** den sie selber gestalten, in dem sie gestalten und sich spielerisch betätigen können;
- **daß sie genügend Zeit haben** und nicht von einer extremen leistungsorientierten, perfektionistischen und pflichtvergessenen Erziehung am abgerundeten Erleben, am Genießen, am Verweilen, auch am Tändeln und Nichtstun verhindert werden;
- **daß genügend Materialien da sind,** mit deren Vielfältigkeit sie in ein persönliches Schöpfungsverhältnis kommen, zum Beispiel Stoffreste, Papier, Ton, Holz;
- **daß aus der Umgebung genügend Anregung auf die Kinder zukommt,** daß es an Ihrem Beispiel sieht, wie man nicht nur interessiert und zweckgebunden, sondern liebevoll und freudig der Natur, der Welt der Gegenstände und Personen – und sich selber begegnen kann.

Für die Schule wünschen wir uns in dieser Beziehung mancherlei Erfüllung, die allesamt nicht Kunstverstand, also nicht bloßes Verständnis für Malerei, Literatur, Musik zum Ziel hat, sondern in einem viel bescheideneren, aber wesentlicheren Rahmen der Entfaltung und Harmonisierung der kindlichen Persönlichkeit dient: Intensivierung der Wahrnehmungen, das heißt Erziehung zur bewußten Verarbeitung von Sinneseindrücken, vom Sehen und Hören zum Schauen und Horchen; kompositorische Übungen mit Farben und Formen, mit der Sprache, mit Rhythmen, Tönen, Geräuschen, Bewegungsabläufen; eine Steigerung des Körpergefühls in Spiel und Gymnastik, handgreifliche Betätigung mit verschiedensten Materialien wie Sand, Wasser, Ton, Papier, Textilien, Holz, Metall; Ausdrucksbereicherung durch Rezitieren, Theaterspiel, Pantomime, wobei jedes Kind vor allem auch seine eigenen Gefühle zeigen, seine Stimmungen ausleben darf; und außerdem entspannte Mußezeichen ...

Zugespitzt gesagt: ob unsere Kinder sich zu musischen Persönlichkeiten oder amusischen Prinzipienreitern entwickeln, ist keine Erziehungsfrage. Es ist eine Frage der gewährenden Atmosphäre. Musie ist nicht, was wir die Kinder lehren, sondern was wir – hoffentlich – neu von ihnen lernen. In diesem Sinne nicht nur: Viva la musica, sondern auch: Viva la musie! Es lebe die Musie! Mut zur Lebensfreude können wir alle brauchen.

Der freie Fall ins Leben

Berufsnöte und Probleme, sich in der Arbeitswelt zurechtfinden, haben für den Jugendlichen viel Ähnlichkeit mit (gehabten) Schulschwierigkeiten. Auch hier geht es darum, sich auf neue Rahmenbedingungen einzustellen.

Das Familienkind hat gelernt, ein Schüler zu werden und zu sein. Jetzt soll ein „Arbeiter" daraus werden, ein „Angestellter". In dieser neuen Welt gelten andere Umgangsformen und andere Ausrichtungen. Daß aus dem Angestellten nicht alsogleich ein Abgestellter wird, dazu bedarf es schützend begleiteter Übergänge.

Lehrmeister und Berufsschule sollten sich daran erinnern, daß der Übergang von der Schule zur Arbeitswelt nicht als Sprung, sondern gleitend erfolgen sollte, damit die Freude, endlich der Schule entronnen zu sein, nicht in Frust über die Arbeitswelt umschlägt. Der ‚freie Fall ins Leben' findet ohnehin entwicklungspsychologisch in einer Umbruch-Phase statt. Im Gegensatz zum Gymnasiasten, der weitere Jahre in einem gewohnten, schützenden Rahmen lebt, hat der Lehrling nicht selten das Gefühl, vom Regen in die Traufe zu geraten. In der Arbeitswelt herrschen andere Verhältnisse, auch in bezug auf Repetition und Wechsel. Wer nicht genügt, wird fortgeschickt, mit ‚nur' schlechten Noten nicht zu vergleichen.

Da junge Menschen nur geringe Kenntnis haben über die Arbeitswelt und ihre Eigentümlichkeiten, sind Neigungs- und Eignungsabklärungen sehr ernst zu nehmen und müssen realistische Zukunftsausblicke zeigen.

Lehrlingseltern sollten wissen:
- **Der Lehrling ist für den Betrieb da.** Sein Wohlergehen interessiert den Arbeitgeber unter der Produktionsperspektive seines Betriebs, der weder mit einer Familie noch mit einer Schule noch mit einer Wohltätigkeitsorganisation verwechselt werden darf.
- **Im Berufsleben herrscht ein spezielles Arbeitselement: das Tempo.** Viele Lehrlinge haben mit dem „ewigen Zeitdruck" ihre Mühe, und mancher Lehrmeister klagt: Er/sie wäre schon recht, aber halt viel zu langsam. Man kann sich nicht mehr, wie zum Beispiel bei den Hausaufgaben, seine Zeit nehmen, sondern muß eine Leistung in einem bestimmten Zeitraum erbringen, muß Mitverantwortung tragen, daß zum Beispiel ein Auftrag zu einem versprochenen Termin fertig abgeliefert wird.
- **In einer Lehre sind die Probier- und Experimentiermöglichkeiten selten.** In der Schule arbeitet man noch mit fiktiven, mit gestellten Situationen, man geht von Annahmen aus, stellt sich vor, es sei etwas so oder so. Geht die Schularbeit daneben, ist das weiter nicht schlimm und äußert sich nur in Noten. In der Lehre aber „gilt es ernst". Was schiefläuft, ist mehr als ein danebengegangenes Experiment – es ist profitwidrig, hemmt den Betrieb, ärgert den Chef.
- **Der Schüler muß als Lehrling seine Lernhaltung ändern.** Während acht, zehn Jahren hat er sich angewöhnt, wie ein Schwamm aufzusaugen, was ihm eingetrichtert wird. Jetzt kommt er aus dem Konzept. Von ihm wird Aktivität gefordert, die zu erbringen ihm schwerfallen kann.
- **In jedem Betrieb herrscht eine Hierarchie.** In der Schule liegt die Sache einfach: da gibt es a) Lehrer und b) Schicksalsgenossen, mit denen man sich verbünden kann. Nach der Kollegialität der Schule fühlt sich unser „Lehrling" vielleicht in der Hierarchie sehr einsam. Er ist ganz unten. Ganz oben ist der oberste Chef. Dazwischen: Vorarbeiter; die Mitglieder der Arbeitsgruppe; der nächste über ihm ist der Lehrling, der ihm ein Jahr voraus ist und der sein Endlich-nicht-mehr-der-Jüngste oft weidlich auskostet. Bis der Neuling das Gefühl haben darf, dazuzugehören, dauert's oft lang. Und es gibt ja nicht nur eine offizielle, sondern auch noch eine inoffizielle Hierarchie in der Werkstatt, im Büro. Die

Hackordnung, nach der einer den Ton angibt, der andere sich duckt, ist für einen jungen Menschen schwer zu durchschauen; jedenfalls hat sich der Lehrling als Schüler in dieser Situation nie erlebt.

● **Während die Schule ihre Schüler vorwiegend zu Einzelkämpfern ausbildet, wird im Betrieb in der Regel Team- und Gruppenarbeit verlangt.** Das ist für manchen neu. Selten kann er etwas für sich ganz allein fertigmachen. Er hat eine Arbeit, die im Team angesiedelt ist, und er muß Rücksicht nehmen auf die Arbeit der anderen und dabei Zusammenarbeit lernen.

● **Nach einiger Zeit merkt vielleicht mancher, daß Berufsarbeit eintöniger ist als der Schulbetrieb.** Ablegen, wochenlang grundieren ... kurz und gut: manchmal „stinkt" es dem Lehrling zumindest so sehr wie in der Schule; fast denkt man, er könnte die Abwechslung, die verschiedenen Fächer des Schultages (und vor allem die regelmäßige Pause!) wieder genießen. Dann muß man wissen, daß es nicht der gewählte Beruf ist, der ihm den Verleider macht – es ist die Eintönigkeit auch der Arbeitswelt, die schwer zu ertragen ist.

● **Wie ein Lehrling sich einfügt, hängt nicht zuletzt von der Betriebsgröße ab.** Der Großbetrieb kann, auch wenn man's nicht dächte, ein Vorteil sein. Da sind mehrere Lehrlinge in der gleichen Situation, sie bilden eine Art Untergruppe und geraten nicht in die Isolation des einzelnen Lehrlings im kleinen Betrieb. Die Alters- und Schicksalsgenossengruppe bietet sich als Ventil an, als Chance, Dampf abzulassen. (Beim Einzellehrling müssen oft die Eltern und Geschwister herhalten!) Großbetriebe haben in der Regel auch ein gut ausgebautes Lehrlingswesen mit Lehrlingsbetreuern, die sich auf ihre Arbeit verstehen. – In Kleinbetrieben wiederum ist die Person des Meisters nicht unerreichbar, sondern ganz da und vermittelt dem jungen Menschen oft eine Atmosphäre des Familiären, des Vertrauten. Problematisch sind nicht selten die mittleren Betriebe. Da fehlen die direkten Bezüge zum Chef ebenso wie ein spezielles Lehrlingswesen.

Eltern merken sich: wichtig für ihren Lehrling ist nicht der Boß, sondern der nächste Ranghöhere. Er bestimmt das Arbeitsklima (mitlesende Väter nicken: im Militärdienst sind Korporal und Feldwebel für den einzelnen Soldaten auch die wichtigere Bezugsperson als der Herr Oberst!). Man muß außerdem wissen, daß Großbetriebe meist individuellere Arbeitsplätze haben, als man sich's von außen vorstellt. Keiner arbeitet ja „in der Firma", „in der chemischen Industrie", sondern zum Beispiel in seiner Labor-Zelle, an seinem Arbeitsplatz, in seinem Team.

● **Aber: der Lehrling ist ja nicht nur Lehrling. Er kommt deshalb häufig in einen ausgeprägten Rollenkonflikt.** Er bleibt zwar weiterhin das Kind in der Familie, man kontrolliert, was er mit seinem Geld tut, wann er nach Hause kommt, mit wem er umgeht. Im Betrieb aber darf er kein Kind sein. Sehr rasch werden Seriosität und Zuverlässigkeit gefordert, man sieht den jungen Mann, die junge Frau, nicht das Kind. So wird die Banklehrtochter am Arbeitsplatz mit 50 000 Franken umgehen, zu Hause fragt man sie aber wegen 50 Franken Taschengeld aus. Der Bruch geht noch weiter: In der Berufsschule steckt der Lehrling in der Rolle des Schülers; sich melden durch Hochheben des Armes, beim Antworten aufstehen. Und hier berührt sich die dritte mit der vierten Rolle, mit dem Lehrling als Altersgenossen, als Kollegen. „Denen" muß er zeigen, wie erwachsen er ist, wie er mit Zigaretten, Alkohol, dem anderen Geschlecht umgehen kann.

Die Selbstdarstellung des jungen Menschen ist also ganz und gar nicht einheitlich, man müßte sagen: er lebt in vier sozial voneinander getrennten Räumen, in der Familie, am Arbeitsplatz, in der Schule und bei den Kollegen; jedesmal hat er ein unterschiedliches Gesicht – und wenn er sich fragt: Wer bin ich?, so ist die Antwort eigentlich vorläufig: Das kommt drauf an ...

Alle Übergangssituationen aber, auch diese, sind besonders krisen- und störungsanfällig, ganz unabhängig vom einzelnen Menschen. Geben wir also nicht jemandem oder etwas die Schuld daran. Niemand und nichts ist schuld, außer: die Situation. Sie ist vergleichbar mit einer Reihe von Zahnrädern, die über eine gewisse Zeitspanne einfach nicht synchron laufen.

Aber wann läuft in einer lebendigen Familie schon alles rund? Wo es kratzt im Getriebe, ist aber möglicherweise der Gang nicht richtig eingelegt.

Wer hilft den Eltern?

Wir gehen davon aus, daß die heutige Kleinfamilie, nicht mehr eingebunden in eine Sippe mit verschiedenen Generationen in enger Nachbarschaft, viel verletzbarer ist und rascher in den Zustand der Ratlosigkeit verfällt – auch in erzieherischer Hinsicht. Durch die Bevölkerungsfluktuation ist auch der stabile Bekanntenkreis keine Selbstverständlichkeit. Nicht die Kinder, sondern die Lebensumstände sind für die Eltern schwieriger geworden.

Eine erste Antwort auf die Frage, wer den Eltern helfe, muß trotzdem heißen: die Eltern sich selber. Und Eltern einander. Unterschätzen Sie solche Hilfe aus dem Bekanntenkreis nicht. Man muß nicht zum vornherein zum Spezialisten gehen! Noch deutlicher: der Weg zum Fachmann ist nicht von vornherein der beste Weg. Die volkstümliche Scheu vor Psychologen und Psychiatern ist nicht grundlos. Man spürt insgeheim: wenn ich mich, um mit einem Problem fertig zu werden, an die Fachleute wenden muß, dann überschreite ich gewisse Grenzen der Normalität, trete aus dem Bereich, den ich überschaue. Es ist durchaus richtig, zurückhaltend zu sein, das heißt Symptome nicht aufzubauschen, bevor man erkennt: jetzt ist der Punkt erreicht, wo wir allein nicht mehr zurechtkommen. Fachleute, die als Helfer in Frage kommen:

Zum Beispiel der Hausarzt

Aus alter Tradition ist der Hausarzt eine Instanz, an die man sich mit allen möglichen Schwierigkeiten – auch Ehe- und Erziehungsprobleme – wendet, wiewohl er keine psychologisch-pädagogische Ausbildung hat.

- **Wenn man Glück hat,** trifft man immerhin auf einen Arzt, der die Familienverhältnisse noch einigermaßen kennt, der sich Zeit nimmt und der auch weiß, wo seine ärztliche Zuständigkeit aufhört, und der einen an einen psychologisch-pädagogischen Fachmann weiterweisen kann. (Ein verantwortungsbewußter Arzt wird Erziehungsprobleme nicht in eigener Regie mit dämpfenden Medikamenten einfach niederschlagen, weil er weiß, daß menschliche Probleme nicht auf chemischem Wege lösbar sind.)
- **Wenn man Pech hat,** wird man zwischen Tür und Angel mit ein par Kalendersprüchen abgespeist – oft inklusive Beruhigungspillen fürs Kind, oder für die Eltern –, womit das Problem vertagt, aber nicht gelöst wird.

Zum Beispiel der Psychiater

Der Psychiater ist von seinem Grundstudium her auch ein Mediziner. Er hat aber eine Zusatzausbildung in Kliniken für Psychisch-Kranke. In der Regel fehlt ihm aber eine spezielle psychologisch-pädagogische Ausbildung und Erfahrung.
- **Wenn man Glück hat,** stößt man auf einen Psychiater, den man sympathisch und vernünftig findet, vor allem aber: der sich Zeit und Anteil nimmt.
- **Wenn man Pech hat,** beschleicht einen etwa das Gefühl einer bedrückenden Situation, aus der man ausbrechen möchte. Oder man hat den Eindruck, nicht vom Fleck zu kommen, im Kreis zu gehen, Stunden zu verplaudern. Es ist wesentlich, zu wissen, daß man in solchen Situationen auf seine Gefühle abstellen soll, da eine positive Beziehung zum Psychiater entscheidend ist für einen Beratungs- oder Therapieerfolg. Man sollte sich nie gezwungen fühlen, wider Willen die Behandlung fortzusetzen.

Zum Beispiel der Psychologe

Psychologen sind meist auf ein Sondergebiet spezialisiert. Der Spezialist für Erziehungsberatung zum Beispiel hat, zum Teil im Anschluß an eine Lehrerausbildung, eine psychologische Grundausbildung absolviert und ist für gewisse psychologische Problemkreise zuständig.

- **Wenn man Glück hat,** trifft man auf einen Psychologen, der wirklich einer ist, das heißt eine entsprechende Fachausbildung hat. Der Berufstitel ist nämlich keineswegs geschützt, und nicht jeder, der sich Psychologe nennt, ist Fachmann. Verlaß bieten in der Beziehung staatliche psychologische Dienste oder Berufsvertreter, die einem durch solche Stellen empfohlen werden. Suchen sie also „Ihren" Mann, „Ihre" Frau nicht einfach im Telefonbuch, sondern lassen Sie sich jemanden durch kompetente Kontaktpersonen empfehlen.
- **Wenn man Pech hat,** sind der Titel und das Schildchen das Beste, was ein sogenannter „Psychologe" zu bieten hat.

Zum Beispiel der Lehrer

Der Lehrer ist (oder sollte es sein) ein Spezialist für Unterrichtsfragen, wobei die psychologisch-heilpädagogischen Interessen und die Beratungskompetenz der Lehrerschaft im allgemeinen in einem umgekehrten Verhältnis stehen zur Höhe der Schulstufe. Deutlicher: Guten psychologischen Rat können Sie eher von einem Kleinklassenlehrer als von einem Gymnasialprofessor erwarten. Das Gespräch mit dem Lehrer hat den Vorteil der Unverbindlichkeit. Man kann es „unter der Hand" anbahnen, die Hemmungsbarrieren sind kleiner.

- **Wenn man Glück hat,** stößt man auf einen echten Schulmeister, der objektiv urteilen kann, auch wenn es sich um einen Schüler handelt, mit dessen Problematik er selbst verbunden ist.
- **Wenn man Pech hat,** trifft man auf einen „Schulmeister", der in kleinkarierter Manier nur die Optik seiner eigenen Betroffenheit als Lehrer gelten läßt.

Zum Beispiel Bücher und Zeitschriften

Bücher und Zeitschriften sind anonyme Berater. Die Grenzen ihrer Möglichkeiten sind eindeutig: man kann nicht auf konkrete einmalige Probleme eingehen, muß stets einen gewissen Grad von Allgemeinheit, Allgemeininteresse wahren. Wesentlich für alle Eltern ist, sich von der Flut der Literatur zwar an-, aber nicht aufregen zu lassen. Es geht nicht darum, alles zur Kenntnis zu nehmen und es sich krampfhaft zu eigen zu machen, was da gesagt und behauptet wird, sondern es geht darum, auf Grund des Gelesenen selber zu denken. Deutlicher: Wesentlich ist nicht, was da steht, sondern was es in den Eltern auslöst.

- **Wenn man Glück hat,** stößt man auf Bücher und Autoren, die einem helfen, den eigenen Erziehungsstil klarer zu finden, die eigenen erzieherischen Möglichkeiten intensiver zu nutzen, also nicht etwas zu übernehmen, sondern näher an sich selber heranzukommen.

- **Wenn man aber Pech hat,** stößt man auf Bücher und Autoren, die für den Leser nichts abwerfen. Nehmen Sie also Geschriebenes nicht ernst im Sinne von Thesen oder Glaubenssätzen, die man sich einverleiben muß, obwohl sich etwas in einem dagegen sträubt! Es kann ebenso wesentlich sein, daß man zur Feststellung kommt, dieser Artikel oder jenes Buch hätten einem nichts zu sagen.

Ein Ratschlag ist nie mit einem Befehl zu verwechseln! Zur Beratungssituation gehört jederzeit die Freiheit, den Rat zu akzeptieren oder in den Wind zu schlagen.

Ein Ratschlag soll im Ratsuchenden etwas auslösen, ihn befähigen, selber die Lösung seines Problems zu sehen. Beratung soll ein Licht aufsetzen, damit man besser sieht, einen Weg zeigen, den zu gehen man sich aber persönlich entscheiden muß.

Ein Berater kann lediglich die Verantwortung für die Trefflichkeit seines Rates übernehmen. Er hat die Möglichkeit, aus seiner Fachkompetenz heraus zu sagen, bei Berücksichtigung aller ihm bekannten Komponenten würde er dies oder jenes tun. Aber mehr kann er nicht. Auch keine Garantien geben. Er entbindet den Ratsuchenden nicht von der Verantwortung der Durchführung.

Wer als Ratsuchender oder als Patient sich an einen Fachmann wendet, sollte deshalb weder sein Denkvermögen noch sein Selbstbewußtsein in der Garderobe deponieren. Jede Unterwürfigkeit und Fraglosigkeit einer sogenannten Kapazität gegenüber verhindert eine freie menschenwürdige Sachdiskussion.

Berater sind auch keine Richter, und man sollte sich von einer Beratung nie versprechen, am Ende „recht" zu haben. Berater können erhellen, aber sie werden nicht Partei ergreifen, weder zwischen Eltern und Kind noch zwischen Mann und Frau. Und sie sind auch nicht dazu da, jemanden zu etwas zu überreden, das er nicht selber tun will oder kann.

Wir haben in den vorausgegangenen Kapiteln von Erziehungsschwierigkeiten gesprochen und von Abweichungen von der Norm. Manche Eltern glauben nun jedoch gerade darin ein Problem sehen zu müssen, daß ihre Kinder sich so unauffällig, so problemlos entwickeln: Ein übertriebenes Psychologisieren verleitet sie dazu, Probleme zu suchen, wo keine sind, und auf Kleinigkeiten so lange herumzuhacken, bis wirklich ausgewachsene Knacknüsse daraus werden. Deutlicher: Wenn man das naivselbstverständliche Verhältnis zwischen den Menschen einer Familie einer ständigen mißtrauischen Betrachtung unterzieht, so geht diese naive Selbstverständlichkeit verloren, und es erwachsen daraus genau die Probleme, vor denen man sich gefürchtet hatte. Die Welt steht kopf, wenn die Lösung schlimmer ist als das ursprüngliche Problem.

Ein Beispiel: Momentane Appetitlosigkeit. Reagiert eine „aufgeklärte" Mutter übertrieben, irritiert sie das Kind. Die Mutter wird nervöser, das Kind verweigert das Essen schließlich ganz, zum Schluß ist das Riesentheater mit ausgewachsenen Problemen da. Dabei war es wirklich nur eine vorübergehende Appetitstörung – leicht durch Enthaltung zu regeln.

Oder nehmen wir den Schüler, dem die Schule einmal verleidet. Das ist durchaus normal. Aber wenn Eltern nun zu bohren beginnen, wenn sie das Kind zum Psychologen schleppen, damit er die Gründe aus ihm herauskitzle, dann wird dem Kind das Pro-

blem überhaupt erst richtig bewußt, es wird ein Schulkonflikt daraus aufgebaut, regelrecht konstruiert. In der Medizin gilt die Regel, daß ein Medikament dem Patienten nicht mehr schaden sollte als die Krankheit. Auch in der Psychologie und in der Behandlung von Problemen mit Kindern darf man die guten alten Hausrezepte nicht vergessen und so etwa auch über Probleme Gras wachsen lassen, statt sie ohne Unterlaß zu analysieren und zu zerreden.

Eine gewichtige Frage: **Wann ist es Zeit, zum Spezialisten zu gehen?**

Zeit für den Spezialisten wird es, wenn verschiedene Bezugspersonen des Kindes unabhängig voneinander das gleiche Problem feststellen. Dazu gehört das Gespräch mit einsichtigen Partnern, vielseitige Antworten auf das subjektive „Meinen" und „Finden" der Eltern. Lehrer, Freunde, Verwandte, Musiklehrer, Sporttrainer, Pfadiführer usw. können da sehr hilfreich sein. Lassen Sie daher bei aller Notwendigkeit der Früherfassung eine gewisse Zeitspanne verstreichen. Bei Kindern gibt es häufig vorübergehende Probleme, die sich mit der Zeit von selber verlieren, und man ist froh, sie nicht voreilig an die „große Glocke" gehängt zu haben.

Beobachten Sie auch, ob bestimmte Schwierigkeiten nur in gewissen Situationen auftreten oder ob sie situationsunabhängig sind. Versuchen Sie, mit dem Kind selber, direkt und ohne Einmischung anderer, zu reden. Gerade mit älteren Kindern und Jugendlichen kann und sollte man echte oder vermeintliche Auffälligkeiten direkt besprechen. Oft hilft auch ein Milieuwechsel, ein Lageraufenthalt, Ferien in einer befreundeten Familie usw. „Sehende Nicht-Beachtung" wäre wohl ein zutreffendes Wort für diese abwartende Haltung: sehen, registrieren, aber nicht dramatisieren. Oft hilft dem Kind, wenn Sie sich eingehender mit ihm beschäftigen, sich mehr Zeit nehmen, und zwar Zeit für es ganz allein.

Ein Letztes: überprüfen Sie Ihre eigenen Erziehungsgrundsätze. Sind sie wirklich Ihre persönliche Überzeugung? Oder sind sie „angelesen", „angelernt"? Kinder merken es schnell, wenn Eltern gegen ihre eigenen Gefühle handeln, bloß um ein „modernes" Erzieher-Image aufrechtzuerhalten. Eltern, die auf der antiautoritären Welle reiten, beim ersten Emanzipationsversuch ihres Sprößlings dann aber den Spießer von der Kette lassen!

Dieses Nicht-zu-seinen-Gefühlen-Stehen ist gerade in gebildeteren, aufgeklärten Kreisen eine häufige Erscheinung. Man spielt eine Erzieherrolle, die nicht die eigene Rolle ist, die Erziehungshaltung entspricht nicht der Lebenshaltung. So wäre die Suche nach dem richtigen Erziehungsstil eigentlich zunächst die Suche nach der eigenen Identität, die Suche nach sich selber. Zeigen Sie dem Kind Ihre Gefühle, lächeln Sie nicht verbissen, wenn es in Ihnen Feuer speit. Gestatten Sie dem Kind aber auch, seine Gefühle zu zeigen, auch die negativen. Sie sind ernst zu nehmen. Affektdurchbrüche sind wichtig zum Aufbau einer positiven Lebenshaltung. Das Kind wird mit Ihrer Hilfe lernen, wie man negative Ausbrüche und Gefühle formt – aber es soll sie nicht unterdrücken. Es ist verdächtig, wenn Eltern behaupten, sie hätten zu Hause als Familie nie ein Widerwort und die Kinder besäßen ihr „volles Verständnis". Entweder es ist eine blanke Lüge – oder sie bilden sich das ein!

Das Psychologisieren hat unsere Gefühle in den Hintergrund gedrängt. In falsch verstandener Erzieherpose glauben wir, uns ständig zusammennehmen zu müssen, Vorbildhaltung zu demonstrieren. Schade. Man muß als Familie leben miteinander, was einbezieht, daß Eltern nicht immer so erhaben zu sein brauchen und keinem ein Zacken aus der Krone fällt, wenn er – auch als Erwachsener – dem kindlichen Partner zeigt, wie ihm zumute ist.

Was man sich auch einmal überlegen sollte: Nicht nur die Kinder machen uns gelegentlich das Leben sauer. Wir auch ihnen! Es gibt nicht nur schwierige Kinder, es gibt auch schwierige Eltern.

Noch etwas, das man gern vergißt: Erziehung ist nie eine todsichere Sache. Wir haben sie nie ganz im Griff. Das Ich des Kindes mit all seinen freien Entscheidungsmöglichkeiten sprengt den Rahmen unserer Wünsche und Zielsetzungen. Wir sollen uns verantwortlich fühlen. Aber wir können nicht die volle Verantwortlichkeit tragen, denn Erziehung ist nie „total machbar", „total manipulierbar". Ein Rest Schicksal bleibt, an dem es nichts umzuorgeln gibt. Es gibt auch in der Erziehung ausgesparte Gebiete, die jenseits unseres Zugriffs liegen. Und das ist wohl auch gut so.

So helfen Sie sich selbst!

Es gibt Probleme – und es gibt das Schicksal. Probleme kann und soll man lösen. Schicksalhaftes muß durchgetragen und gestaltet werden. Und beides ist nicht miteinander zu verwechseln.

Wir neigen dazu, alles im Leben als Problem zu sehen, zu „problemisieren". Darum leiden wir unter einem ungeheuren Problemlösungsdruck. Aber nicht alles ist lösbar, und Lösbarkeit ist nicht alles.

Dadurch, daß Kinder (scheinbar?) planbar geworden sind, ist unser persönlicher Verantwortungsbereich größer geworden. Die „Machbarkeit" der Familie hat uns überfahren. Die Ausweitung, die wir riskieren, ist und bleibt ein großes Abenteuer. Wir sind, wie alle Eltern vor uns, „in Pflicht genommen", nur sind wir nicht mehr die hergebrachten Vermittler zwischen göttlichem Willen und Diesseits, sondern fühlen uns letztverantwortlich und glauben, ursächlich für alles zu haften, was unsere Kinder angeht.

Kommt dazu, daß die Zeit dieser Verantwortung sehr viel länger dauert. Gingen die Kinder früher häufig mit 15 aus dem Haus, sind sie heute richtige Nesthocker, oft bis ins 3. Lebensjahrzehnt. Und während die Kinder dableiben, kommt neu die Sorge um die eigenen Eltern dazu, die Hilfe brauchen und umsorgt werden wollen. Die große Freiheit entpuppt sich als großer Clinch, sozial und psychisch.

Wie helfen Sie sich selbst? Indem Sie sich und Ihren Kindern immer auch eine Eigenwelt und eigene Aktivitäten bewahren und nicht ‚aufgehen' im Familien-Wir-Gefühl. Räumlich gesehen sollte die Familie einen Kreis bilden, dessen Mitte leer bleibt. Leer. Manövrierbar. Oder wenn Sie so wollen, wie die Mitte des Tempels, die Feuerstelle. Unbesetzte Orte sind wichtig für die Familie. Und Luftzufuhr von außen auch. „Du bist mein ein und alles ...", dieses Feuer hält nicht lange hin. Jeder, der zu dieser Familie gehört, muß Scheiter nachlegen können, auch das Kind, damit das Leben in der Familie lebendig bleibt. Wenn alle alles miteinander machen und keine(r) ohne die anderen auskommt, geht die Dynamik verloren.

In der lebendigen Familie wird auch die Mündigkeit aller akzeptiert. Jedes Kind ist schon mündig, auch das Zweijährige hat einen Bereich, in dem es autonom ist. Mündigkeit zugestehen heißt: akzeptieren, daß Kinder größer werden, selbständig werden, und mehr als das: dazu verhelfen, Unterstützung geben, sich daran freuen.

Einander gehen lassen.
Einander in Ruhe lassen.
Sich auf einander verlassen.
Auf einander zugehen.
Auch: einander loslassen.
Loslassen ist nicht fallenlassen.

Niemand soll sich erschöpfen. Wer sich für die anderen opfert, geht ihnen letztlich verloren. Selbstverbrennung aus Liebe kann Form eines sublimen Terrors und von Manövern sein, andere moralisch in die roten Zahlen zu bringen.

Vertrauen haben in eine offene Perspektive. Nicht: ich hoffe, daß ... ich vertraue darauf, daß ... Das ist Lotterie – und Wunschdenken. Kurz und bündig: ich hoffe. Ich vertraue. Was immer kommen oder ausbleiben mag. Ich kann nicht alles machen. Also kann ich auch nicht an allem schuld sein. Sonst würde ich mir ja Allmächtigkeit anmaßen.

In einem Kinderbuch steht ein Zaubervers.
„Du bist du und ich bin ich.
Liebe Türe – öffne dich."

Erziehen heißt: Anklopfen und um Einlaß bitten. Nicht Türen einrennen. Weder verschlossene noch offene.

Kinder verstehen

Reinhold Bergler
Warum Kinder Tiere brauchen
Informationen, Ratschläge, Tips
Band 4319

Es ist wichtig zu wissen, welche Tiere für Kinder geeignet sind und worauf es beim Zusammenleben von Eltern und Kindern ankommt.

Karin Neuschütz
Lieber spielen als fernsehen
Alternativen, die Kindern mehr Spaß machen
Band 4315

Kreative Tips und Anregungen für Spiel- und Bastelstunden.

Manfred Bönsch
Die beste Schule für mein Kind
Was Eltern wissen sollten, wenn sie sich auf dem „Schulmarkt" umsehen
Band 4306

Ein Ratgeber, der umfassend über die verschiedenen Schuleinrichtungen informiert und Eltern den Mut macht, ihren berechtigten Interessen Ausdruck zu geben.

Bruno Bettelheim
Zeiten mit Kindern
Band 4292

Hier sind die praktischen Erkenntnisse des bekannten Kinderpsychologen, sowie seine tiefsten und schönsten Einsichten in einem Werk zusammengeführt.

Judith S. Kestenberg/Janet Kestenberg-Amighi
Kinder zeigen, was sie brauchen
Wie Eltern kindliche Signale richtig deuten
Band 4222

Hilfreiche Hinweise für gestreßte und schlaflose Eltern.

HERDER / SPEKTRUM

Walter Pacher
Wenn Kinder immer anders wollen
Mehr Sicherheit und Gelassenheit für Eltern
Band 4118

Zuckerbrot und Peitsche sind keine Wundermittel gegen kleine Querulanten! Mehr wirkt da schon ein klärendes Gespräch am runden Familientisch.

Marianne Arlt
Pubertät ist, wenn die Eltern schwierig werden
Tagebuch einer betroffenen Mutter
Mit einem Nachwort von Christine Swientek
Band 4100

Wenn Kinder „in die Jahre kommen", ist der Familienfrieden dahin. Marianne Arlt erzählt von heftigen Erfahrungen und wie man trotzdem ganz gut mit ihnen leben kann.

Rüdiger Rogoll/Ulrike und Christa Marwedel
Ich mag mein Kind – mein Kind mag mich
Transaktionsanalyse für Eltern
Band 4095

Gelassenheit und Freude im Umgang mit Kindern: Erziehung kann zum Spiel werden in einem Team von Partnern. Eine verlockende Pädagogik.

Rudolf Dreikurs/Loren Grey
Kinder lernen aus den Folgen
Wie man sich Schimpfen und Strafen sparen kann
Band 4055

Ein Erziehungsstil, der Kindern frühzeitig dazu verhilft, eigenständige Erfahrungen zu sammeln und mit Freiheit richtig umzugehen.

Roswitha Defersdorf
Drück mich mal ganz fest
Geschichte und Therapie eines wahrnehmungsgestörten Kindes
Band 4041

Daniel – ein scheinbar ganz normales Kind. Und doch ist er nicht in der Lage, Sinneseindrücke zu ordnen. Eine betroffene Mutter erzählt vom Weg der Therapie.

HERDER / SPEKTRUM

Ingeborg Becker-Textor
Unser Kind soll in den Kindergarten
Ein neuer Schritt für Eltern und Kinder
Band 4219

Kindergarten – ein neuer Lebensabschnitt. Hoffnungen, Erwartungen, Ängste. Praktische Tips für das Miteinander von Eltern, Kindern und ErzieherInnen.

Eva Rachor-Waldeck
Mama, sag bravo!
In der Familie offen miteinander umgehen
Band 4210

Friede, Freude, Eierkuchen – so sieht kein Familienalltag aus. Dennoch gibt es Wege, das Zusammenleben von Kindern und Eltern harmonisch zu gestalten.

Armin Krenz
Seht doch, was ich alles kann
Was uns Kinder sagen wollen
Band 4209

Die Innenwelt des Kindes. Ein Buch, das die Vielfalt kindlicher Ausdrucksformen lesbar macht und hilft, Fähigkeiten besser zu entfalten.

Anne C. Bernstein
Deine, meine und unsere Kinder
Die Patchworkfamilie als gelingendes Miteinander
Band 4178

Eine Ehe scheitert, eine neue Beziehung wächst – und die Kinder beider Partner? Konkrete Hilfen für ein entspanntes Familienklima.

Walter Pacher
Ich will doch nur das Beste für mein Kind
Spielregeln und Übungen nach Gordons Familienkonferenz
Band 4119

Dieses jahrelang erprobte Modell bietet leicht nachvollziehbare Hilfen, die frischen Wind ins Familienklima bringen.

HERDER / SPEKTRUM